TABLEAU

DE LA LÉGISLATION ANCIENNE

SUR

LES SUCCESSIONS,

ET

DE LA LÉGISLATION NOUVELLE,

ÉTABLIE PAR LE CODE CIVIL.

TABLEAU

DE LA LÉGISLATION ANCIENNE

SUR

LES SUCCESSIONS,

ET

DE LA LÉGISLATION NOUVELLE,

ÉTABLIE PAR LE CODE CIVIL,

Par CHABOT (de l'Allier), ancien Jurisconsulte,
membre de la Section de Législation du Tribunat.

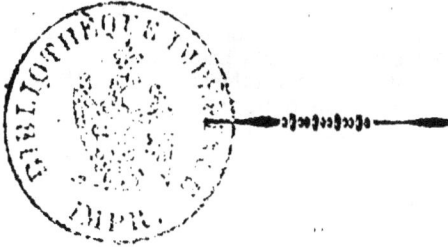

A PARIS,

Chez ARTAUD, Libraire, Quai des Augustins, N°. 42.

AN XIII.

POLITIQUE D'ARISTOTE,
TRADUITE DU GREC,
AVEC DES NOTES ET DES ÉCLAIRCISSEMENS,
Par Charles MILLON,

Professeur de législation et de langues anciennes
à l'École centrale du Panthéon, à Paris, etc.

On a joint à cet Ouvrage : *une Notice sur Aristote et sur ses
écrits ; une Liste chronologique des éditions de ses
Œuvres ; plusieurs Extraits de Platon, et les deux Traités
de Xénophon sur les Républiques de Sparte et d'Athènes.*
Trois volumes *in-8°.* avec le portrait d'Aristote, gravé
d'après l'antique, par un des meilleurs artistes de la
capitale. Prix broché.   15 f.

La *Politique d'Aristote*, est un des monumens les plus précieux
de l'antiquité. Cet Ouvrage, tableau fidèle des lois et des révolutions
des anciens peuples de la Grèce, présente les vrais principes de
la législation et de l'ordre social, ainsi que de la source pure de
l'autorité légitime ; le gouvernement y est établi sur une base
ferme et solide. La doctrine de l'auteur est développée d'une manière
si convaincante, que ses conclusions, pour peu qu'elles soient
méditées, suffisent pour faire renoncer à ces systèmes erronnés,
qui ont fait long-tems l'appui du despotisme, ainsi qu'à ces maximes
dangereuses et contraires à la véritable liberté, qui ont si souvent
armé la fureur populaire.

C'est donc avoir rendu un service essentiel que d'avoir donné
une bonne traduction de ce Traité, reconnu pour le plus intéressant
et le plus difficile à traduire de toute l'antiquité.

Aussi cet ouvrage a-t-il été favorablement accueilli du public
éclairé, qui a rendu justice au courage que M. Millon a eu de
se livrer à un travail si pénible.

Les *notes* et les *éclaircissemens* du traducteur, versé dans plus
d'un genre de connaissances, et avantageusement connu dans la
république des lettres, ajoutent un nouveau prix à cet ouvrage
d'Aristote, vrai trésor d'érudition, que ne sauraient trop consulter
les savans, les littérateurs, et qui en outre devrait servir de manuel
aux gouvernans et à tous ceux qui ont part ou prennent intérêt
aux affaires publiques.

Cours d'Études encyclopédiques r   és, sur un plan neuf,
contenant 1°. l'Histoire de l'origine et de progrès de toutes les
sciences, belles-lettres, beaux arts et arts mécaniques ; 2°. l'analyse
de leurs principes ; 3°. tous ces mêmes objets traités en détail. Le
tout d'après les meilleurs auteurs, et les découvertes les plus ré-
centes, seconde édition, revue, corrigée et augmentée d'une table
raisonnée des matières, par ordre alphabétique : 6 gros vol. in-8°.,
avec un *Frontispice*, gravé et un *Atlas* de soixante-quatres planches
ou tableaux. brochés.   45 fr.

Deux éditions presqu'entièrement épuisées, de cet intéressant
ouvrage, depuis quatre ans, sont une preuve bien convaincante
de son utilité aux pères de familles ainsi qu'aux maîtres de pensions.

Grammaire française raisonnée, par Prevot Desfour-
neaux, 1 vol. in-8° broché.   4 fr.

Vie du Capitaine Cook, pour faire suite aux trois voyages
du même, 1 gros vol. in-4°. broché,   10 fr.

PLAN DE L'OUVRAGE.

On ne saura jamais le nouveau Code Civil, a dit le conseiller d'état Portalis (1), *si on n'étudie que ce Code.*

On ne peut, en effet, bien connaître les divers systêmes établis par le Code Civil dans les différentes parties de la législation; on peut encore moins saisir le véritable sens de toutes ses dispositions, si on ne remonte aux anciens principes qui lui servent de bases, et aux sources dans lesquelles il a puisé presque tous ses matériaux.

Le nouveau Code n'est, à peu de chose près, que l'ancienne législation perfectionnée. Ses rédacteurs ne se sont pas livrés à l'esprit d'innovation qui aurait tout bouleversé : ils ont eu la sagesse de ne pas rejeter ce qui était bien, pour courir après une perfection imaginaire : ils ont respecté ce que l'expérience avait consacré, et même, dans certains cas, ils ont préféré ce que de longues habitudes avaient établi, à des théories brillantes dont les avantages eussent été incertains. Ils se sont, en un mot,

___

(1) Discours prononcé à l'académie de législation, séance publique du 1er frimaire an 12.

moins occupé à créer des systèmes nouveaux, qu'à profiter de ceux qui existaient, en les adaptant à nos mœurs, à notre régime actuel, et en les réduisant, pour chaque matière, à un système unique, simple et facile, qui pût également convenir à toutes les parties de la France, régies jusqu'alors par une foule de lois si différentes entre elles.

Il faut donc connaître les anciennes doctrines, pour avoir une idée exacte de celles qui les ont remplacées.

Le Code Civil n'a pu d'ailleurs tout dire et tout expliquer : il n'a pu ni prévoir, ni régler tous les cas ; il devait se borner à établir des principes féconds, sans s'occuper à en tirer les nombreuses conséquences ; et il est impossible enfin que, malgré le soin qui a été mis à sa rédaction, un grand nombre de ses dispositions ne donnent pas lieu à diverses interprétations, et à beaucoup de controverse, surtout dans les premiers momens de son émission.

Il ne suffirait donc pas d'étudier et de savoir le texte du Code Civil ; mais il faut sur-tout en rechercher et en saisir l'esprit, et c'est en le rapprochant de la législation ancienne qui en est la source , c'est en les expliquant l'une par l'autre, qu'on peut aisément éclaircir les doutes, fixer les incertitudes, et suppléer à ce qui ne se trouve pas littéralement écrit, ou clairement expliqué, dans le Code Civil, par les dispositions de ceux qui lui ont servi de régulateurs.

Ainsi, l'on ferait un ouvrage très-utile, si on rapprochait de chaque titre du Code nouveau, les titres des Codes anciens qui ont traité de la même matière ; si on faisait remarquer avec justesse et précision les points dans lesquels ils se ressemblent, et ceux dans lesquels ils diffèrent ; si l'on indiquait les motifs des changemens , et l'intention qui a dicté les dispositions nouvelles ; si enfin, en remontant à l'origine même des principes qui sont conservés, en parcourant les variations diverses qu'ils ont éprouvées , en expliquant avec soin comment ils étaient interprétés par les anciens jurisconsultes, et dans quels termes, dans quels sens ils se trouvent aujourd'hui consignés dans le Code , on parvenait à fixer d'une manière précise et leur état présent, et leur véritable destination.

Tel est le plan du travail que j'ai rédigé sur la matière DES SUCCESSIONS.

Je n'embrasserai pas toutes les parties du Code Civil : ce serait une entreprise au dessus de mes forces ; mais je desire que l'essai que je vais faire en provoque de plus étendus et de plus heureux, et que le corps entier de notre Droit Civil s'éclaircisse par la connaissance de ses rapports et de ses différences mêmes avec les anciennes lois françaises et romaines. Un ouvrage de cette nature offrirait la génération et la série des idées par lesquelles nous sommes parvenus au degré de perfection où se trouve portée notre législation actuelle : ce serait l'histoire de la construction de l'édifice dont le faîte, malgré sa hardiesse, ne pourrait exister sans la profondeur et la solidité des fondemens.

TABLEAU
DE LA LÉGISLATION ANCIENNE
SUR
LES SUCCESSIONS,
ET
DE LA LÉGISLATION NOUVELLE,
ÉTABLIE PAR LE CODE CIVIL.

La succession est la manière dont les biens et les droits, les dettes et les charges des personnes qui meurent naturellement ou civilement, passent à d'autres personnes qui entrent en leur place.

On distinguait, dans le droit écrit et dans le droit coutumier, deux espèces de successions, celles qui étaient réglées par la volonté de l'homme, et celles qui étaient réglées par la loi, quand le défunt n'avait pas exprimé sa volonté.

Celles qui étaient déférées par la loi s'appelaient successions *ab instestat*, c'est-à-dire, *à non testato*, parce qu'en effet elles n'avaient lieu que lorsque le défunt n'avait pas testé, ou pour les biens dont il n'avait pas disposé.

On les appelait aussi successions *légitimes*, parce qu'elles faisaient passer les biens de ceux qui mouraient, sans en avoir disposé, aux parens appelés par la proximité du sang, qui sont les véritables héritiers légitimes indiqués par la nature.

Les successions déférées par la volonté de l'homme avaient leur source dans des institutions d'héritiers faites par testamens ou par contrats de mariage.

Les Romains avaient admis les institutions testamentaires par la loi des douze tables : *uti quisque legassit, suae rei ità jus esto;* et même, pour que la liberté de ces institutions fût entière, et ne pût être gênée par aucune autre disposition, ils n'avaient point admis les institutions par contrats de mariage.

On essaya cependant de les introduire dans la législation, sous l'empire de Dioclétien et de Maximien ; mais on trouve dans la loi 3 au Code, *de pactis conventis super dote,* la preuve qu'elles furent rejetées.

Les institutions testamentaires étaient d'un usage universel dans les provinces de la France qui étaient régies par le droit romain ; elles n'avaient été admises que dans un très-petit nombre de nos coutumes.

Les institutions contractuelles formaient au contraire le droit commun des pays coutumiers, et on les recevait avec faveur dans les pays de droit écrit.

Cet ordre de choses subsista jusqu'au décret du 7 mars 1793, qui, en abolissant la faculté de disposer de ses biens, soit entre-vifs, soit à cause de mort, *en ligne directe,* ne permit plus de faire, dans cette ligne, aucunes institutions d'héritiers.

Peu de temps après, cette faculté fut aussi interdite en ligne collatérale, par la loi du 5 brumaire an 2.

La fameuse loi du 17 nivose suivant adopta le même système ; elle autorisa cependant à disposer du dixième de son bien en ligne directe, et du sixième en ligne collatérale, mais seulement en faveur des non successibles.

Ainsi, à compter de la publication de ces lois, les

institutions testamentaires et contractuelles ne furent plus permises : il n'y eut plus que des héritiers légitimes et des successions *ab intestat.*

La loi du 4 germinal an 8 ne fit que donner plus d'étendue à la faculté de disposer.

Le Code Civil a rétabli les institutions d'héritier.

Il y a donc encore aujourd'hui deux espèces d'héritiers : les uns appelés par la volonté de l'homme, les autres appelés par la disposition de la loi.

Les droits de ces héritiers sont très-distincts, et ne se règlent pas de la même manière : ils sont déterminés dans le Code Civil par deux titres séparés.

Les héritiers institués, et même les simples donataires et légataires, sont préférés aux héritiers appelés par la loi, pour les biens qui leur ont été donnés par le défunt, lorsque rien ne fait obstacle à la validité de l'institution, de la donation ou du legs, parce qu'en fait de succession, la volonté de l'homme l'emporte sur la disposition de la loi : celle-ci n'a d'autre office à remplir, dans cette matière, que de *suppléer* la volonté de l'homme qui est mort, sans avoir pu, ou sans avoir voulu l'exprimer. *Quandiù possit valere testamentum, tandiù legitimus non admittitur. l. 89. d. de regulis juris.*

Les héritiers appelés par la loi ne recueillent donc que les biens dont le défunt n'avait pas disposé, et c'est là ce qu'on appelle la succession *ab intestat,* ou la succession *légitime.*

Cette espèce de succession étant la seule que nous nous proposons de traiter, nous ne nous occuperons ni des institutions d'héritiers, ni des donations et testamens, qui doivent faire la matière d'un traité séparé.

Le plan de l'ouvrage que nous avons entrepris se

borne à examiner comment était réglée par les lois anciennes, et comment se trouve aujourd'hui réglée, par le Code Civil, la transmission des biens et des droits dont le défunt n'a pas disposé lui-même, soit par acte entre-vifs, soit par testament.

Ainsi, quand nous dirons que l'égalité la plus rigoureuse doit être être établie, dans le partage des successions, entre tous les enfans issus du même père, et entre tous les héritiers qui se trouvent à degrés égaux, il ne faudra pas oublier que nous n'appliquons ce principe d'égalité qu'aux successions *ab instesat*, c'est-à-dire, aux biens dont le défunt n'avait pas disposé.

Sans doute la volonté de l'homme ne doit pas être liée à cette égalité rigoureuse, de manière qu'il ne puisse disposer lui-même d'aucune portion de ses biens en faveur d'un ou de plusieurs de ses enfans, ou d'autres parens, et même d'étrangers : ce serait le priver de la prérogative la plus éminente de la propriété. Il répugne également à la nature et à la raison que l'homme ne puisse, sur ses propres biens, exercer des actes de bienfaisance, ou accorder de justes récompenses.

Mais à lui seul appartient le droit de donner, et ce qu'il n'a pas donné, la loi doit le distribuer également entre tous ses héritiers.

La loi, a dit le tribun Siméon dans son discours au corps législatif, sur le titre des successions, *la loi voit tous les enfans d'un œil égal, et leur donne à tous les mêmes droits. C'est aux parens qu'il appartiendra de les distinguer sans injure, et de marquer à ceux qui l'auront mérité, une juste prédilection. Leurs dispositions seront le jugement domestique, la loi particulière de leurs familles : elles pourront y introduire une inégalité raisonnable et modérée ; mais l'égalié*

*sera le droit commun, le vœu et la disposition
générale de notre droit civil.*

Dans le droit écrit, rien n'était plus simple que la
matière des successions *ab intestat.*

Rien, au contraire, n'était plus compliqué, plus va-
rié, plus difficile que cette matière, dans les pays coutumiers.

Dans le droit écrit, on ne formait de tous les biens
du défunt qu'un seul patrimoine, et on l'attribuait entièrement au parent qui était le plus proche, soit de
son chef, soit par représentation, sans aucune distinction, ni quant aux biens, ni quant aux personnes,
ni même quant aux lignes ; de sorte que le parent le
plus proche, soit paternel, soit maternel, était seul héritier : on ne reconnaissait, en un mot, que deux manières de succéder, l'une par proximité de degré,
l'autre par représentation.

Les coutumes en avaient ajouté une troisième qui
contrariait, presque dans tous les cas, l'ordre naturel
établi par les deux premières : c'était l'affectation des
biens à telle ou telle ligne, ou à telle branche, ou classe
de parens, suivant les qualités des personnes, et la
nature ou l'origine des biens.

Ainsi, l'on distinguait, dans les pays coutumiers, et
des héritiers de plusieurs classes, ayant entre eux,
quoiqu'à degrés égaux, des droits très-différens, et des
biens de diverses espèces qu'on attribuait à telle ou telle
ligne ou branche de parens, sans avoir égard ni au
degré le plus proche de parenté, ni à la représentation,
et ces distinctions des personnes et des biens étaient
encore soumises, dans chaque pays, à une foule de
règles particulières ; de sorte qu'il existait autant de
modes de succéder qu'il y avait de coutumes, et que

même, dans chaque coutume, il y avait autant de successions distinctes dans chaque hérédité, qu'il y avait de diverses espèces de biens, ou de personnes de qualités différentes.

Le Code Civil a préféré la simplicité du droit écrit à toutes ces distinctions épineuses et subtiles qui étaient une source féconde de débats et de procès dans les familles; il n'a donc admis que les deux modes de succéder, l'un par proximité de degré, l'autre par représentation du parent le plus proche.

Mais il ne les a pas organisés, dans dans toutes les parties, de la même manière que le droit écrit. Il a pris, dans le droit coutumier, le principe de la division des biens par moitié entre la ligne paternelle et la ligne maternelle du défunt qui n'a pas laissé de descendans : il a recueilli encore dans les coutumes quelques dispositions particulières dont les avantages avaient été constatés par une longue expérience : il a établi des dispositions nouvelles qui ont produit des changemens utiles, et, combinant toutes les règles anciennes et nouvelles qu'il adoptait, il en a composé un système unique, dont toutes les parties se trouvent parfaitement coordonnées.

Il faut donc, pour bien développer ce système, le rapprocher de ceux où il a puisé presque tous les les principes de la matière; et ces principes eux-mêmes ne peuvent être bien connus, si on ne sait pas ce qu'ils étaient dans les Codes anciens, et comment, et avec quelles modifications, ils ont été introduits dans le nouveau Code.

Il n'est pas dans notre intention de nous livrer à des recherches et à des dissertations plus curieuses qu'utiles sur les monumens historiques de la législation : nous ne voulons nous occuper des anciens systèmes

que dans les rapports qu'ils peuvent avoir avec le nou‑
veau, et nous nous bornerons, en conséquence, à ce
qui peut servir à expliquer la législation actuelle, à fixer
son esprit, et à déterminer le véritable sens de ses dis‑
positions.

Nous traiterons successivement :

1º De l'ouverture des successions et de la saisine
des héritiers.

2º Des qualités qui sont requises pour succéder.

5º Des lignes et degrés de parenté qui forment les
héritiers légitimes.

4º Des diverses manières de succéder.

5º Des divers ordres de successions.

6º Des successions irrégulières.

TITRE PREMIER.

De l'ouverture des Successions, et de la Saisine des Héritiers.

Il y a ouverture de succession, quand il arrive une mort naturelle, ou une mort civile. (1)

Ce principe était admis dans le droit écrit, comme dans les coutumes.

Mais le droit écrit et les coutumes différaient beaucoup sur l'époque de l'ouverture des successions, soit par mort naturelle, soit par mort civile, et sur l'époque à laquelle les héritiers légitimes, ou testamentaires, étaient saisis des biens des défunts.

Nous allons examiner séparément ces divers objets.

CHAPITRE PREMIER.

De l'Ouverture des Successions par mort naturelle.

On ne peut pas toujours constater, d'une manière certaine, qu'un homme dont l'existence n'est pas connue, soit véritablement décédé, et même, lorsqu'il y a preuve du décès, il n'est pas toujours possible d'en constater l'époque précise.

La première incertitude a lieu à l'égard des personnes qui sont absentes depuis long-temps, sans qu'on ait su de leurs nouvelles ; la seconde, à l'égard de deux, ou

_____

(1) Art. VIII du livre IIIᵉ du Code Civil.

plusieurs personnes qui étaient appelées respectivement à se succéder, et qui ont péri dans un même événement, sans qu'on puisse découvrir laquelle est morte la première.

La législation à l'égard des absens ne fut jamais soumise à des règles fixes et générales.

Il n'y avait pas de matière sur laquelle la jurisprudence fût plus incertaine et plus variée.

C'était d'abord une question très-controversée que de savoir après quel laps de temps l'absent devait être réputé mort.

Il était presque généralement admis que l'absent dont la mort n'était pas constatée, devait être présumé vivre jusqu'à cent ans, c'est-à-dire, jusqu'au terme le plus reculé de la vie.

Cependant on jugeait, dans plusieurs tribunaux, que, relativement à la possession, et même à la propriété des biens, l'absent devait être présumé mort avant l'âge de cent ans, et que le mariage seulement devait être indissoluble jusqu'à l'expiration du siècle.

Ailleurs encore, on distinguait entre les absens qui étaient en voyage, et ceux qui avaient disparu subitement. Dans ce dernier cas, on présumait plus facilement le décès.

Le Code Civil dispose, en général, que, lorsqu'il se sera écoulé plus de 35 ans depuis la disparition de l'absent, les héritiers pourront demander à la justice l'envoi définitif en possession des biens, et qu'ils n'en seront plus simples dépositaires, mais que la propriété reposera sur leurs têtes, et qu'ils pourront en disposer à leur gré. (1)

_____

(1) Art. CXV, CXIX, CXX et CXXIX du liv. Ier.

La succession de l'absent se trouve donc ouverte 55 ans après sa disparition, lorsque d'ailleurs les héritiers ont rempli les formalités prescrites par la loi; et en effet, après un si long intervalle de temps, le retour serait un événement extraordinaire: il faut que le sort des héritiers soit enfin fixé, et que les biens de l'absent ne restent pas perpétuellement hors du commerce, et soumis à une comptabilité ruineuse.

On n'était pas plus d'accord sur les questions de savoir de quelle époque devait être réputé mort celui qui était absent depuis long-temps, et s'il devait recueillir les successions échues pendant son absence, ou si ses héritiers présomptifs pouvaient les recueillir de son chef.

On concluait de la disposition du droit en la loi, *in bello*, 12, *ff. de capt.*, que l'absent était réputé mort du jour qu'il avait cessé de paraître; mais cette disposition du droit n'était pas suivie généralement.

On jugeait, dans plusieurs tribunaux, que celui qui avait cessé de paraître après une bataille, ayant été au nombre des combattans, et dont on n'avait pas eu de nouvelles, devait être présumé mort du jour du combat, et que celui qui avait entrepris un voyage de long cours, et s'était embarqué sur un vaisseau dont on n'avait pas eu de nouvelles, devait être pareillement réputé mort du jour de l'embarquement, de sorte que ni eux, ni leurs héritiers, ni même leurs créanciers, n'avaient aucun droit aux successions qui étaient échues depuis le combat, ou l'embarquement.

Ailleurs, l'absent n'était réputé mort que du jour du partage provisionnel fait entre ses héritiers présomptifs, et jusqu'à cette époque il profitait de toutes les successions: on allait même jusqu'à soutenir que, lorsqu'il n'y avait pas eu de partage provisionnel de ses biens, il était toujours appelé à succéder, s'il se trouvait en degré utile, jusqu'à ce qu'il eût atteint l'âge de cent ans : on allait plus loin encore, et on jugeait que les héritiers qui avaient provoqué le partage provisionnel, étaient seuls exclus des successions échues postérieurement à ce partage, mais que les créanciers étaient admis à réclamer toutes les successions échues jusqu'au moment où leur débiteur était parvenu à sa centième année.

On reconnut cependant les inconvéniens d'une législation aussi bizarre, et l'on s'était fixé depuis long-temps à la règle générale suivant laquelle quiconque réclame un droit échu à une personne dont l'existence n'est pas reconnue, doit prouver que cette personne existait, quand le droit a été ouvert, et, à défaut de cette preuve, doit être déclaré non-recevable dans sa demande.

Le Code Civil a maintenu cette règle ; ainsi, lorsqu'une succession est échue à un absent, si l'existence de cet absent n'est pas prouvée, la succession doit être déférée à ceux qui avaient droit d'y concourir avec lui, ou qui l'auraient recueillie, à son défaut. (1)

Le Code Civil s'est encore conformé à la jurisprudence presque générale, en disposant que l'absent devait être présumé mort du jour où il avait cessé de paraître, et que les héritiers qui avaient droit de requérir l'envoi définitif en possession des biens de l'absent, étaient ceux qui se trouvaient ses héritiers présomptifs au moment de sa disparition ; (2) mais que, si le décès de l'absent était prouvé par la suite, sa succession ne pourrait plus être regardée comme ouverte que du jour même du décès, et devrait être

(1) Art. CXXXV et CXXXVI du liv. Ier.
(2) Art. CXX du liv. Ier.

2

restituée à ceux qui étaient ses héritiers les plus proches à cette époque. (1)

Il était beaucoup plus difficile de fixer des règles pour décider, à l'égard de deux ou plusieurs personnes qui ont péri dans un même événement, laquelle est décédée la dernière, et a conséquemment succédé aux autres.

Il importe cependant de déterminer quelle est celle qui est décédée avant l'autre, puisque celle qui a survécu, ne fût-ce que d'un instant, a succédé, qu'elle a transmis à ses héritiers, et sa propre succession, et celle de la personne qui est décédée la première, et que les héritiers de l'un et de l'autre peuvent n'y être pas les mêmes, ou ne pas succéder aux mêmes titres.

Les Romains n'avaient pas de législation bien précise à cet égard : leurs lois, ainsi que les décisions de leurs magistrats, ne paraissent pas toujours concordantes ; cependant, c'était le plus souvent par la considération des parties intéressées, ou par la nature de l'affaire, et non par les présomptions de l'âge ou de la force, qu'ils déterminaient la survie de l'une des personnes mortes dans un événement commun, et quoiqu'en général ils eussent admis que l'enfant adulte était mort après le père, et que l'enfant impubère était mort le premier, ils décidaient aussi, en d'autres circonstances, ou que le fils adulte était mort le premier, ou que le père et le fils étaient morts dans le même instant, suivant que les personnes qui réclamaient ou les successions, ou l'exécution de testamens, et de fidéicommis, méritaient plus ou moins de faveur. Ils s'attachaient presque toujours à la présomption qu'il était arrivé ce qui pouvait être le plus avantageux à la partie dont la cause était la plus favorable.

_____

(1) Art. CXXX du liv. Iᵉʳ.

Mais on sent aisément tout ce que cette législation avait d'arbitraire, à combien d'injustices elle pouvait donner lieu dans l'application, et combien de procès elle faisait naître.

En France, il n'y avait pas de lois sur cette matière : tout était abandonné à la jurisprudence, qui admettait tantôt la législation romaine, et tantôt préférait les présomptions de survie qui résultaient de la différence de l'âge, de la force et du sexe.

Le Code Civil a établi des règles fixes, et les a fondées sur les présomptions les plus vraisemblables, lorsqu'on ne connaît aucunes circonstances qui puissent indiquer la vérité du fait; mais il veut que l'on consulte d'abord les circonstances de l'événement. Les faits sont au dessus des présomptions, et ce n'est que dans le cas où les faits ne sont pas connus, ou que ceux qui sont connus ne donnent pas d'indices suffisans, qu'on doit recourir à ce qui est le plus probable dans l'ordre naturel. (1)

Ainsi, la personne qui, lors de la ruine d'un bâtiment, a été vue dans l'endroit qui a péri le dernier, doit être déclarée avoir survécu aux autres personnes qui étaient dans ce bâtiment, parce qu'il est certain qu'elle existait dans un moment où il était incertain si les autres existaient encore.

Lorsque les circonstances du fait sont inconnues, ou qu'elles ne donnent pas de notions suffisantes, alors il faut bien nécessairement s'attacher aux conjectures qui sont les plus vraisemblables, et, comme il est vraisemblable que, dans un danger commun, la personne qui était la plus forte, soit à raison de son âge, soit à raison de son sexe, a pu se dérober plus

_____

(1) Art. X du liv. III.

long-temps au danger, le Code Civil admet pour présomptions de survie celles qui résultent de la force de l'âge ou du sexe.

Entre des enfans âgés de moins de quinze ans, le plus âgé est présumé avoir survécu, parce qu'il était le plus fort. (1)

Par le même motif, entre des sexagénaires, la présomption est en faveur du plus jeune. (2)

Entre un enfant et un vieillard, la présomption est encore en faveur de la jeunesse. (3)

. Depuis quinze ans accomplis jusqu'à moins de soixante, le mâle est présumé avoir survécu, lorsqu'il y a égalité d'âge, ou si la différence qui existe n'excède pas une année.

Mais si les personnes qui ont péri étaient du même sexe, il ne peut plus y avoir d'autre règle à suivre que l'ordre de la nature, et l'on présume que le plus jeune a survécu au plus âgé. (4)

CHAPITRE II.

De l'Ouverture des Successions par mort civile.

La mort civile, qui est l'exclusion de toute participation aux droits civils, et qui résulte de certaines condamnations prononcées contre un homme qui s'est rendu coupable d'un crime, opère, comme la mort naturelle, l'ouverture de la succession du condamné.

———————————————————

(1) Art. XI du liv. III*.
(2) Art. XI du liv. III*.
(3) Art. XI du liv. III*.
(4) Art. XII du liv. III*.

Telle était la disposition du droit romain, de nos coutumes, et de nos lois criminelles.

Le Code Civil a dû la maintenir : l'homme qui a rompu le pacte social, ne peut plus en réclamer les droits : il s'est mis par son crime hors de la société ; il en a été exclus par la loi : il ne peut plus participer à ses bienfaits ; et comme c'était de la loi et de la société qu'il tenait ses droits civils, il ne peut en conserver la jouissance.

Mais cette juste punition infligée au coupable, il ne fallait pas l'étendre à sa famille : il ne fallait pas, en enlevant au condamné la propriété de ses biens, en priver ses parens qui n'avaient pas contribué au crime qu'il avait commis : c'était les punir de la faute d'autrui.

Cependant, presque toutes nos coutumes et nos anciennes lois criminelles avaient confisqué au profit du fisc les biens du condamné ; ainsi, ce n'était qu'au profit du fisc que la succession du condamné se trouvait ouverte.

Le droit romain, beaucoup plus juste, ne punissait que le coupable, et rendait ses biens à sa famille, loi 7, *ff. de bonis damnatorum.*

L'Auth. *Bona C. de bonis proscript. seu damn.,* n'avait prononcé la confiscation que pour le crime de lèse-majesté.

Le Code Civil ne prononce, dans aucun cas, cette confiscation injuste et barbare ; dans aucun cas, il ne punit les enfans de la faute de leurs pères ; la succession de la personne morte civilement est ouverte au profit de ses héritiers, et ses biens sont dévolus de la même manière que s'il était mort naturellement, et sans testament. (1)

_____

(1) Art. XXV du liv. Ier.

Une fatale expérience ne nous a que trop instruits sur cette matière, et il n'est pas un homme de bien qui n'eût gémi de retrouver dans le Code Civil cet horrible système de confiscations qui a causé tant de maux à la France.

Suivant l'ordonnance criminelle de 1670, les condamnations à mort et aux galères à perpétuité, et les bannissemens à perpétuité, et hors du royaume, emportaient la mort civile.

D'après l'avis presque unanime des auteurs, et les dispositions de quelques coutumes, la mort civile résultait aussi des condamnations à une prison perpétuelle.

Le Code Civil n'attache la mort civile qu'aux condamnations à la mort naturelle : c'est dans un autre code que seront déterminées les autres condamnations qui doivent également emporter la mort civile. (1)

Dans le droit romain, la mort civile commençait à l'instant même du jugement *contradictoire* ou *par défaut*, qui prononçait la condamnation.

L'ordonnance de 1670 ne fit commencer la mort civile qu'à compter de l'exécution réelle, ou par effigie, du jugement de condamnation, et le Code Civil a maintenu cette disposition, quant aux jugemens contradictoires. (2)

Mais l'ordonnance de 1670 l'avait également appliquée aux jugemens par contumace, de sorte que, si le condamné décédait après les cinq ans de grace, sans s'être représenté, il était réputé mort civilement dès le moment de l'exécution du jugement par contumace, et que, si après s'être représenté dans les cinq

(1) Art. XXIII et XXIV du liv. I".

(2) Art. XXVI du liv. I".

ans, il était de nouveau condamné, la mort civile remontait toujours au premier jugement de condamnation.

Cependant si le condamné par contumace était arrêté, ou se représentait dans les cinq ans, le jugement de condamnation était anéanti, et même, s'il venait à mourir pendant ces cinq années, il mourait *integri statûs*, et sa succession s'ouvrait comme par mort naturelle : ce n'était qu'après le délai de cinq ans que le jugement par contumace devenait définitif; il était donc contradictoire et injuste de faire mourir civilement le condamné dans le délai pendant lequel son sort n'était qu'incertain et provisoire. Il était singulier que, s'il mourait naturellement pendant les cinq ans, il ne fût pas mort civilement, et qu'au contraire, il fût mort civilement, s'il vivait sans se représenter.

Il y avait d'ailleurs beaucoup d'inconvéniens à l'égard des successions qui pouvaient échoir au condamné pendant les cinq années de grace : elles devaient lui appartenir, s'il mourait naturellement, ou s'il se représentait dans le délai : elles ne lui appartenaient pas, s'il laissait écouler les cinq années sans se représenter, de sorte que l'état des successions et le sort des cohéritiers restaient dans une longue incertitude.

Ces considérations, et beaucoup d'autres qu'il serait inutile d'expliquer ici, ont fait adopter, dans le Code Civil, des règles différentes, et qui ne présentent plus aucunes difficultés. (1)

Les condamnations par contumace n'emporteront la mort civile qu'après les cinq années qui suivront l'exécution du jugement par effigie, et pendant lesquelles

_____

(1) Art. XXVII, XXVIII, XXIX, XXX et XXXI du liv. Iᵉʳ.

le condamné peut se représenter : pendant ces cinq années, son état et ses droits demeureront seulement *suspendus*.

Ainsi, lorsque le condamné par contumace se présentera volontairement dans les cinq années, à compter du jour de l'exécution, ou lorsqu'il aura été saisi ou constitué prisonnier dans ce délai, le jugement sera anéanti de plein droit, l'accusé sera jugé de nouveau, et si, par le nouveau jugement, il est condamné à la même peine, ou à une peine différente, emportant également la mort civile, elle n'aura lieu qu'à compter du jour de l'exécution du second jugement. S'il est acquitté, ou s'il est seulement condamné à une autre peine qui n'emporte pas la mort civile, il rentrera dans la plénitude de ses droits, même pour le passé, reprendra la libre jouissance de ses biens, et aura droit à toutes les successions qui lui étaient échues dans l'intervalle.

De même, si le condamné par contumace meurt dans les cinq années, à compter du jour de l'exécution du jugement par effigie, il sera réputé mort dans l'intégrité de ses droits, et sa succession ne sera ouverte, qu'à compter du jour de son décès.

Mais, lorsque le condamné par contumace ne se sera représenté, ou n'aura été constitué prisonnier qu'*après les cinq ans*, quoiqu'il soit absous par le nouveau jugement, ou ne soit condamné qu'à une peine qui n'emportera pas la mort civile, il ne rentrera dans la plénitude de ses droits que *pour l'avenir*, et à compter seulement du jour où il aura reparu en justice : le premier jugement conservera, *pour le passé*, les effets qu'avait produits la mort civile, depuis l'époque de l'expiration des cinq ans jusqu'au jour de sa comparution en justice.

Ainsi, sa succession, qui a été ouverte depuis l'ex-

piration des cinq ans, appartiendra irrévocablement à
ceux qui étaient alors ses héritiers, et il ne pourra
rentrer dans la propriété, ni dans la jouissance de ses
biens, dans le cas même où il serait absous par le second jugement.

Il demeurera pareillement exclu des successions échues
depuis l'expiration des cinq ans : elles seront défini-
tivement acquises à ceux qui les auront recueillies à
sa place.

Ce n'est, en un mot, que du moment de sa comparution en justice, et pour l'avenir seulement, qu'il
reprendra l'exercice de ses droits civils: tout le passé
sera perdu pour lui. Il n'a pas profité du délai de grace,
il sera puni de sa désobéissance à la loi.

Si le condamné ne se représente pas, ou n'est pas
constitué prisonnier, la prescription de la peine ne
pourra pas même le réintégrer dans ses droits civils
pour l'avenir. (1) Quand il mourra, la peine fût-elle
prescrite, il ne laissera pas de succession : il n'aura eu
aucun droit aux successions échues depuis la prescription de la peine. Les biens qu'il pourrait avoir acquis depuis la mort civile encourue, et dont il se trouverait en possession au jour de sa mort naturelle, ap-
partiendront à la nation par droit de deshérence. Il ne
peut ni recueillir, ni transmettre par succession, puisqu'il est mort civilement, et que les successions sont
de droit civil.

Mais le gouvernement pourra disposer au profit de
sa veuve, de ses enfans ou autres parens, des biens qu'il
aurait acquis depuis la mort civile. (2)

_____

(1) Art. XXXII du liv. Ier.
(2) Art. XXXIII du liv. Ier.

CHAPITRE III.

De la Saisine des Héritiers.

Suivant le droit romain, la succession n'était pas acquise à l'héritier, soit légitime, soit testamentaire, avant qu'il l'eût acceptée, et cependant cette acceptation avait un effet rétroactif à l'instant du décès, et faisait considérer l'héritier comme s'il eût recueilli la succession au moment même où elle s'était ouverte.

Haeres quandoque adeundo haereditatem, jam tunc a morte successisse defuncto intelligitur, l. 54, ff. de acq. vel. omitt. haered.

Suivant notre droit français, la succession était acquise à l'héritier légitime dès l'instant qu'elle était ouverte, avant même qu'il en eût connaissance, et quoique la connaissant, il ne l'eût pas encore acceptée.

Ainsi, lorsqu'une personne décédait, sa place ne restait pas vacante : au moment où la mort lui enlevait ses droits, la loi en saisissait ses héritiers légitimes ; il n'y avait pas de lacune, et c'était là ce que nos coutumes avoient exprimé par cette maxime : *le mort saisit le vif, son hoir plus proche et habile à lui succéder.*

Cette règle fut admise dans les pays de droit écrit, malgré la disposition contraire du droit romain.

On l'étendit même dans les pays de droit écrit, comme dans les pays coutumiers, aux héritiers contractuels; cependant, quelques coutumes l'avaient expressément rejetée pour cette espèce d'héritiers.

Elle avoit également lieu dans les pays de droit écrit pour les héritiers testamentaires, qui étaient, d'après les dispositions des lois romaines, les vrais héritiers.

Mais, dans le plus grand nombre des coutumes, les héritiers testamentaires n'étaient pas reconnus : on ne les considérait que comme des légataires, et non comme des héritiers : ils n'étaient pas saisis de la succession ; et, comme c'était une règle générale que la qualité d'héritier n'était déférée que par la loi, on ne pouvait prendre que de la main de l'héritier les legs universels ou particuliers.

Le Code Civil a fait, à cet égard, une distinction très-juste entre le legs universel qui comprend la totalité des biens de la succession, le legs à titre universel qui ne comprend qu'une quote part des biens, c'est-à-dire, ou la moitié, ou le tiers, ou tous les immeubles, ou tout le mobilier, ou une quotité fixe de tous les immeubles, ou de tout le mobilier, et le legs particulier qui ne comprend qu'un ou plusieurs objets déterminés.

Si le legs est universel, mais réductible aux termes de la loi, c'est-à-dire, lorsqu'au décès du testateur il y a des héritiers auxquels une quotité des biens est expressément réservée par la loi, alors ces héritiers sont saisis, de plein droit, de la *totalité* des biens de la succession, et le légataire universel est tenu de leur demander la délivrance des biens compris dans le testament. (1)

Si le legs est universel, et s'il n'est pas réductible, c'est-à-dire, lorsqu'au décès du testateur il n'y a pas d'héritiers auxquels une quotité de ses biens soit réservée par la loi, le légataire universel est saisi de plein droit par la mort, sans être tenu de demander

_____

(1) Art. CCXCIII du liv. IIIe.

la délivrance ; (1) et, en effet, il serait singulier que celui qui doit avoir tous les biens de la succession, en vertu de la volonté du défunt, fût obligé d'en demander la délivrance à celui qui ne pourrait tenir de la loi qu'un titre absolument stérile, etqui ne peut même être héritier en vertu de la loi, puisqu'il y a un autre héritier institué par le défunt, et qu'en matière de succession, la volonté de l'homme fait cesser la disposition de la loi.

Sans doute, les héritiers légitimes peuvent se pourvoir contre le testament ; mais tant qu'il existe, il doit produire son effet.

Si le legs est à titre universel, ou à titre particulier, le légataire est tenu de demander la délivrance, ou aux légataires universels, ou aux héritiers légitimes. (2)

L'héritier est saisi non seulement de la part à laquelle il a personnellement droit dans la succession, mais encore de celles qui lui accroissent par les renonciations de ses cohéritiers : ces renonciations ont toujours un effet rétroactif au temps de l'ouverture de la succession, attendu qu'il est de principe que l'héritier qui renonce est censé n'avoir jamais été héritier. (3)

Par une autre conséquence de ce principe, lorsqu'il y a renonciation de la part de tous les héritiers qui étaient au degré le plus proche du défunt, les parens du degré suivant, qui sont appelés à la succession, sont censés en avoir été saisis dès le moment de l'ouverture.

L'enfant et l'insensé sont pareillement saisis de la

(1) Art. CCXCV du liv. IIIᵉ.
(2) Art. CCC et CCCIII du liv. IIIᵉ.
(3) Art. LXXV du liv. IIIᵉ.

succession, quoiqu'ils ne puissent manifester de volonté à cet égard, la saisine ne dépendant pas de la volonté de l'héritier, mais de la disposition de la loi.

Mais aussi, quoique la volonté expresse de l'héritier ne soit pas nécessaire pour la saisine, sa volonté contraire peut l'empêcher : il est le maître d'accepter ou de répudier la succession *qui lui est échue :* on ne reconnaissait pas, en France, d'héritiers nécessaires : c'est ce que nos coutumes avaient exprimé par cette autre maxime : *n'est héritier qui ne veut,* et le Code Civil a maintenu ce principe. (1)

La saisine de l'héritier est donc suspendue, quant à ses effets, jusqu'à ce que l'héritier se soit décidé à accepter ou à renoncer dans les formes et les délais voulus par la loi. S'il accepte, la saisine a son effet qui remonte à l'époque de l'ouverture de la succession; s'il renonce, il est censé n'avoir jamais été héritier, et la saisine ne produit aucun effet; s'il meurt, avant d'avoir accepté ou renoncé, il transmet à ses héritiers, parmi ses biens, la succession qui lui était échue, parce qu'il en était réputé saisi, n'ayant pas fait de renonciation, et ses héritiers sont pareillement saisis de cette succession, tant qu'ils n'y ont pas renoncé.

Dans le droit romain, la personne à laquelle était échue une succession *collatérale,* soit *ab intestat,* soit testamentaire, ne la transmettait pas à ses héritiers, si elle n'en avait pris possession, parce qu'elle n'avait pu l'acquérir elle-même qu'en l'acceptant.

Cependant la transmission avait lieu en faveur du père, lorsque l'enfant à qui la succession collatérale était échue, décédait avant l'âge de sept ans. Loi *si infanti c. de jure delib.*

_____

(1) Art. LXV du liv. IIIe.

Elle avait lieu encore, lorsque l'héritier décédait dans l'année, de délibérer, suivant la loi *cum in antiquio· ribus* du même titre au Code III.

Mais, en ligne directe, on transmettait en tout temps une succession à ses descendans, aux termes de la loi unique *C. de his qui antè apertas tab. decess.*

On n'avait point admis cette distinction dans le droit français : la règle, *le mort saisit le vif*, s'y appliquait aux successions collatérales, comme aux successions directes; et on a déjà vu que l'héritier était saisi, dès l'instant de l'ouverture de la succession, sans qu'il eût accepté ni pris possession, et lors même qu'il ignorait le décès.

Le Code Civil a maintenu cette règle dans toute son étendue : il dit positivement, et sans aucune distinction, que les héritiers légitimes sont saisis *de plein droit.* (1)

La saisine consiste en ce que tous les droits actifs et passifs du défunt passent à ses héritiers dès l'instant de sa mort, de manière que, dès cet instant, ils sont propriétaires de tous les biens et droits qui lui appartenaient·, maîtres de toutes les actions qu'il aurait pu intenter, créanciers de tout ce dont il était créancier, débiteurs de tout ce dont il était débiteur, obligés d'exécuter tous les engagemens qu'il avait contractés, tenus de toutes les charges auxquelles il était assujetti, et, en un mot, entièrement subrogés à sa place, tant pour l'actif que pour le passif.

« Utile et belle conception, a dit le tribun Siméon dans son discours au corps législatif, au moyen de laquelle la propriété ne reste jamais en suspens, et reçoit, malgré les vicissitudes et l'instabilité de la vie, un ca·

---

(1) Art. XIV du liv. IIIe

ractère d'immutabilité et de perpétuité. L'homme passe, ses biens et ses droits demeurent : il n'est plus ; d'autres lui-même continuent sa possession, et ferment subitement le vide qu'il allait laisser. »

Cependant, quoique l'héritier ne soit saisi des biens, droits et actions du défunt, que sous l'obligation d'acquitter toutes les charges de la succession, il ne peut être contraint à l'acquit de ces charges, dans les délais qui lui sont accordés pour délibérer sur l'acceptation ou la renonciation ; mais, après l'expiration de ces délais, s'il n'a pas renoncé, il peut être poursuivi, comme aurait pu l'être le défunt lui-même ; (1) appelé à la succession par la loi, il est présumé héritier tant qu'il n'a pas manifesté de volonté contraire. (2)

(1) Art. LXXXVII , LXXXVIII et LXXXIX du liv. IIIe.

(2) LXXIV du liv. IIIe.

TITRE II.

Des Qualités requises pour succéder.

Lorsque l'époque de l'ouverture d'une succession est constante et connue, ou qu'elle est fixée par la loi, ainsi que nous l'avons expliqué au chapitre Ier du titre précédent, alors il faut rechercher quels étaient, *à cette époque,* les héritiers du défunt.

Suivant une règle du droit romain, on n'avait pas égard au temps de la mort, pour juger qui était le plus proche héritier, mais au temps auquel il avait été constant que le défunt était mort. Loi 2, §. *proximum 6,* ff. *de suis et legitim. hæred.*

Dans le droit français, on avait admis, au contraire, dans tous les cas, et pour toutes les successions, la maxime : *le mort saisit le vif.*

Cette maxime étant également admise dans le Code Civil, c'est toujours l'instant du décès qui fixe les qualités des héritiers, et détermine la portion que chacun d'eux doit avoir.

Mais, avant d'examiner quels sont ceux qui, au moment du décès, ont le droit de succéder, il faut savoir d'abord quelles sont les qualités qui sont requises pour succéder, et sans lesquelles la personne, qui se trouverait appelée à la succession par la proximité du degré, ne serait cependant pas habile à recueillir l'hérédité.

Il y a deux sortes de personnes qui ne sont pas habiles à être héritières : celles qui n'ont pas la capacité requise par la loi, et celles qui se sont rendues indignes.

Nous allons examiner séparément es diverses causes d'incapacité et d'indignité.

CHAPITRE PREMIER.

' De l'Incapacité.

L'instant où une personne meurt étant l'époque de l'ouverture de sa succession, il est certain d'abord qu'on ne peut lui succéder, si on n'existe pas au moment de son décès: on ne peut avoir aucuns droits, lorsqu'on n'existe pas.

Ainsi, sont incapables de succéder, suivant le Code Civil,

1° Celui qui n'est pas encore conçu.

2° L'enfant qui n'est pas né viable.

5° Celui qui est mort civilement. (1)

Il n'est pas nécessaire que l'individu soit né, pour être habile à succéder; il suffit qu'il soit conçu, pourvu qu'ensuite il naisse, et naisse viable.

L'enfant existe réellement dès l'instant de la conception, et il est réputé né, lorsqu'il y va de son intérêt; suivant la loi *antiqui ff. si pars hæred. petatur*, les lois, 7 et 26 *ff. de statu hom.* et la loi dernière *ff. de ventre in possess. mitt.*

Mais cette présomption de naissance qui équipole à la naissance elle-même, pour déférer le droit d'hérédité, cesse d'avoir lieu, si l'enfant ne naît pas viable.

Lorsque l'enfant n'est pas vivant, en sortant du sein de sa mère, il est censé n'avoir pas vécu pour succéder; car c'était dans l'espoir de la naissance qu'on

---

(1) Art. XV, liv. III.

3

le regardait comme vivant dès l'instant de la conception ; et, si cet espoir est trompé, la présomption qui le faisait regarder comme vivant, ne peut plus être fondée sur la réalité.

Qui mortui nascuntur , neque nati , neque procreati videntur , quia nunquàm liberi appellari potuerunt , l. 129, ff. de verb. signif.

Ainsi, l'enfant mort-né, quoiqu'il fût vivant dans le sein de sa mère lors de l'ouverture de la succession, n'est pas habile à succéder.

Lorsque l'enfant naît, mais ne naît pas viable, c'est-à-dire, lorsqu'il naît hors terme, et de manière à n'être pas formé pour vivre, il est aussi réputé n'avoir jamais vécu, au moins pour la successibilité : c'est la même chose, en ce cas, que l'enfant soit mort, ou qu'il naisse pour mourir : *Idem est ita nasci ut quis vivere non possit, aut mortuum nasci.*

La loi *quod certatum* 5 au Code *de posthumis hæredibus instituendis ,* exige que l'enfant naisse parfait, *si vivus perfectè natus est,* c'est-à-dire, qu'il ait atteint le terme nécessaire pour la perfection du part, et sans lequel il n'est pas possible qu'il vive.

La loi 3 au digeste *de suis et legitimis hæredibus,* en a aussi une disposition formelle.

Cependant Domat et quelques autres jurisconsultes ont soutenu que ces lois ne peuvent s'appliquer qu'à la question de l'état de l'enfant, savoir s'il est légitime ou non, *cùm agitur de statu et fit quæstio statûs,* et ne regardent pas la question de savoir s'il a succédé pour transmettre la succession, *non cùm agitur de transmissione haereditatis.*

Suivant eux, il suffisait que l'enfant eût vécu un seul moment après sa naissance, pour qu'il fût habile à succéder, quand même il ne serait pas venu à terme, et qu'il n'eût pas été formé pour vivre, et ils ont cité des arrêts qui l'ont ainsi jugé.

Ils convenaient néanmoins que, si l'enfant n'était pas viable, il n'était pas légitime.

Mais, si l'enfant qui ne naît pas viable, n'est pas légitime, il ne peut être héritier, puisqu'on ne reconnaît pour héritiers que les parens légitimes.

D'ailleurs, le plus grand nombre des auteurs avaient adopté l'opinion que l'enfant qui ne naît pas viable, ne peut recueillir ni transmettre de succession, quand même il aurait vécu pendant quelques momens; et cette opinion était consacrée par la jurisprudence.

Mais à quelle époque l'enfant est-il viable?

Cette question a toujours été l'écueil de la physiologie, et a fait la matière de procès célèbres qui ont été diversement jugés.

Cependant presque tous les auteurs étaient d'accord, et les tribunaux ont presque constamment décidé, que l'enfant qui vient au monde avant le septième mois, n'est pas viable, quoiqu'il ait donné quelques signes de vie, ou qu'il n'est pas enfant légitime du mariage contracté moins de sept mois avant sa naissance.

La loi *septimo mense ff. de statu hominum* paraît précise à cet égard, lorsqu'elle dit : *Septimo mense nasci perfectum partum jàm receptum est, propter autoritatem doctissimi viri Hippocratis, et ideò credendum est eum qui ex legitimis nuptiis septimo mense natus est, justum filium esse.*

Mais on admettait généralement que, lorsque le septième mois depuis la conception était commencé, l'enfant était viable et dès-lors légitime; et, comme les mois de l'enfantement sont lunaires, c'est-à-dire que chaque mois n'est que de vingt-neuf jours et douze heures, on regardait, comme viable et légitime, l'enfant qui naissait le cent quatre-vingt-deuxième jour, ce qui était fondé sur la loi *intestato* au §. dernier, *ff. de suis et legit. hæred. de eo autem qui centesimo octogesimo secundo die natus est, Hippocrates scripsit et divus pius pontificibus rescripsit, justo tempore videri natum.*

On agitait encore la question de savoir si l'enfant était viable au huitième mois. La plupart des médecins et des philosophes soutenaient la négative : tel était l'avis du célèbre Hippocrate; mais Aristote et beaucoup d'autres étaient d'un avis contraire; et, comme il n'y avait dans le droit romain aucune loi qui défendît de reconnaître l'enfant venu dans le huitième mois, comme les auteurs qui en contestaient la viabilité n'étaient pas d'accord dans les raisons qu'ils en donnaient, et que d'ailleurs plusieurs exemples avaient semblé prouver contre leur avis, on jugeait constamment que l'enfant venu dans le huitième mois, pourvu qu'il eût donné des signes certains de vie, devait être réputé à terme, et qu'il était conséquemment légitime et successible.

C'était encore une question très-controversée que de savoir si l'enfant pouvait rester onze mois dans le sein de sa mère, et s'il était légitime et habile à succéder, lorsqu'il ne venait que dans le onzième mois après la dissolution du mariage.

Suivant la loi des douze tables et le droit du digeste, cet enfant n'était pas réputé légitime. La loi 3 au §. *post decem* 11 , *ff. de suis et legit. hæred.* dit précisément : *Post decem menses mortis, natus non admittetur ad legitimam hæreditatem.*

Mais, dans notre jurisprudence, on ne se conformait

pas à ces lois, et l'on avait adopté assez généralement l'opinion soutenue par un grand nombre d'auteurs, que le onzième et le septième mois étant également éloignés du terme ordinaire et naturel des naissances, l'enfant né dans le onzième, devait être déclaré légitime et successible, comme celui qui était né dans le septième : plusieurs arrêts l'ont ainsi jugé.

A l'égard des enfans qui n'étaient venus qu'après le onzième mois, on ne les réputait pas légitimes; et cependant Bourjon dit encore sur ce point qu'on ne ne peut approfondir les ressorts de la nature et de ses resssources secrètes; *que, chez quelques femmes, la force de la complexion prémature ce que la faiblesse ralentit chez les autres, et que cette incertitude doit influer par la force des circonstances sur la légitimité de l'enfant, quoiqu'il naisse après les onze mois. C'est le fait,* ajoute-t-il, *et la nature qui décident.*

Le Code Civil n'a fixé, au titre des successions, aucune règle sur l'époque à laquelle l'enfant doit être déclaré viable.

Néanmoins on peut induire des articles CCCVI, CCCVIII et CCCIX du 1er livre, au titre de la paternité et de la filiation, que le Code Civil ne présume pas viable l'enfant né avant le cent quatre-vingtième jour depuis la conception, et qu'il ne présume pas légitime ni successible l'enfant né trois cents jours après la dissolution du mariage, puisque les articles précités autorisent à contester la légitimité de ces enfans.

La troisième cause qui rend incapable de succéder, c'est la mort civile.

Nous avons déjà vu que l'individu mort civilement

est privé de la jouissance des droits civils que confère la société dont il n'est plus membre : or, le droit de succéder est un droit civil. L'individu mort civilement n'est donc plus habile à succéder, à compter du jour où la mort civile est encourue; mais jusqu'à cette époque, et quand même il serait en état d'accusation, il conserve tous ses droits, parce qu'il doit être présumé innocent, tant qu'il n'est pas condamné: seulement il ne peut disposer de ses biens à titre gratuit, ainsi qu'on le verra au titre des donations et testamens.

La quatrième cause qui rend incapable de succéder, c'est la qualité d'étranger.

Peregrini capere non possunt hœreditatem, liv. 1, au Code de hœred. instit.

Mais cette incapacité, qui était absolue et illimitée avant la révolution, et que l'assemblée constituante avait entièrement fait cesser, en supprimant indéfiniment le droit d'aubaine, se trouve aujourd'hui fixée d'une manière infiniment équitable.

Un étranger ne sera admis à succéder aux biens que son parent, étranger ou Français, possédait dans le territoire de la République, que *dans les cas et de la manière* dont un Français succéderait à son parent possédant des biens dans le pays de *cet étranger :* telle est la règle établie par l'article XVI du IIIᵉ livre du Code Civil.

C'est un juste système de réciprocité qui peut amener un jour les autres peuples, par la considération de leurs propres intérêts, à supprimer chez eux le droit d'aubaine; mais tant qu'ils le laisseront subsister contre les Français, il ne convient pas qu'il reste en France supprimé en faveur des étrangers : il ne faut pas leur accorder des privilèges qu'ils s'obstinent à nous refuser.

Lors donc qu'il se présente un étranger pour re-

cueillir en France une succession, on doit examiner,
1° si, dans son pays, les Français sont admis à succéder ; 2° dans quels cas et de quelle manière ils y succèdent ; et il faut suivre en tous points, à l'égard de
cet étranger, la législation admise dans son pays à
l'égard d'un Français qui réclamerait une succession
de même nature. Si le Français était exclu, l'étranger
le sera également : si le Français ne devait succéder que
pour une portion, ou à telles charges et conditions,
l'étranger ne sera admis à succéder que *de la même
manière.*

On voit dans le Ier titre du Ier livre du Code Civil
quels sont ceux qui sont ou doivent être considérés
comme étrangers.

Les enfans *naturels* sont aussi incapables de succéder, tant qu'il existe des parens légitimes jusqu'au
douzième degré inclusivement; mais nous traiterons
cette matière, lorsque nous en serons aux successions
irrégulières.

CHAPITRE II.

De l'Indignité.

Lorsqu'un individu est capable de succéder, il
peut être exclu comme *indigne;* il faut donc examiner
encore quelles sont les causes qui peuvent le rendre
indigne de recueillir la succession à laquelle il est
appelé.

On ne doit pas confondre, en matière de succession, l'indignité avec l'incapacité : celle-ci provient
du défaut des qualités requises pour succéder : *elle
empêche d'être héritier.* L'indignité provient de
la conduite et des actions personnelles de celui qui
est habile à être héritier, mais qui, par sa faute personnelle, se trouve privé de la succession.

Le droit romain déclarait indignes de succéder :

1° Celui qui avait attenté à la vie du défunt, quand même l'attentat n'aurait pas eu d'effet ;

2° Celui qui avait donné la mort au défunt, *quoiqu'il fût en légitime défense* ;

3° Celui qui avait donné occasion au meurtre du défunt, ou qui ne l'avait pas empêché, lorsqu'il l'avait pu ;

4° Celui qui avait négligé de poursuivre en justice la punition du meurtrier ;

5° Celui qui avait attenté à l'honneur du défunt, en se rendant son accusateur en justice, ou en prenant part à une accusation intentée contre lui ;

6° Celui qui, avant la mort de la personne dont il devait avoir la succession, avait disposé, sans son consentement, de quelques biens de cette succession, ou avait contracté quelques engagemens sur ces biens ;

7° Celui qui, par violence ou par quelque autre manœuvre, avait empêché la personne à laquelle il devait succéder, de faire un testament au profit d'un autre ;

8° Celui qui avait supprimé le testament du défunt, et s'était mis en possession de ses biens, sans exécuter ses volontés ;

9° Tout parent qui n'avait pas fait nommer un curateur à l'insensé ou au furieux dont il était héritier ;

10° La veuve qui avait négligé de faire donner, dans l'année de la mort de son mari, un tuteur à son enfant impubère ;

11° La mère qui était tombée en faute dans l'année du deuil.

En France, il n'y avait pas de lois précises sur cette matière. Les causes qui faisaient encourir l'indignité étaient indéfinies : c'était d'après les faits et les circonstances que les tribunaux décidaient ce qui devait suffire pour rendre indigne, et dans plusieurs cas ils suivaient la législation romaine.

Le Code Civil n'admet que trois cas où l'indignité soit encourue.

Il déclare indignes :

1° Celui qui serait *condamné* pour avoir *donné*, ou *tenté* de donner la mort au défunt;

2° Celui qui a porté contre le défunt une accusation *capitale, jugée calomnieuse;*

3° L'héritier *majeur* qui, instruit du meurtre du défunt, ne l'a pas dénoncé à la justice; (1)

Et encore, dans ce dernier cas, il exempte de la nécessité de la dénonciation, les ascendans et descendans du meurtrier et ses alliés aux mêmes degrés, son époux ou son épouse, ses frères et sœurs, oncles et tantes, et neveux et nièces : on ne pouvait, sans blesser la morale et l'honnêteté publique, imposer à des parens aussi proches une obligation qu'auraient repoussée les sentimens de la nature. (2)

Les lois romaines donnaient la succession au fisc, lorsque l'héritier était déclaré indigne.

Cette disposition n'avait pas lieu en France. L'indignité de l'héritier produisait seulement la vacance de son degré : la peine ne tombait que sur lui.

Cependant, lorsque l'indignité provenait de ce que l'héritier avait donné la mort au défunt, quoiqu'il fût en légitime défense, on jugeait, conformément à la

(1) Art. XVII du liv. III°.
(2) Art. XVIII du liv. III°.

loi romaine *cum ratio §. prœtereà ff. de bon. damnat.*, que les enfans de l'indigne étaient exclus de la succession.

C'était une double injustice, puisque la personn : qui a commis un meurtre, lorsqu'elle est en légitime défense, n'est pas coupable, et ne doit pas être punie; et qu'en la supposant même coupable, son crime lui étant personnel, la peine ne doit pas en retomber sur ses héritiers.

Aussi, Le Code Civil veut qu'en général les enfans de l'indigne ne soient pas exclus de la succession par la faute de leur père; mais il faut qu'ils viennent à la succession *de leur chef :* (1) ils ne peuvent y venir par représentation de leur père, un héritier qui est déclaré indigne, ne pouvant être utilement représenté. Ils se trouveraient donc exclus, si leur père avait un cohéritier à égal degré, puisqu'ils ne pourraient arriver au même degré que ce cohéritier, qu'en représentant leur père.

Suivant une disposition du droit romain, qui était admise dans notre jurisprudence, l'héritier exclu de la succession pour cause d'indignité était tenu de rendre tous les fruits et les revenus dont il avait eu la jouissance depuis l'ouverture de la succession.

Cette disposition a été maintenue par le Code Civil. (2)

Suivant la loi *non fraudantur* 134 §. 1, *de reg. jur.*, le meurtrier du défunt ne pouvait profiter de ses biens ni médiatement ni immédiatement; de sorte qu'il n'aurait pu les recueillir dans la succession d'une autre personne qui aurait été héritière à sa place.

(1) Art. XX du liv. IIIe.
(2) Art. XIX du liv. IIIe.

Lebrun rapporte un arrêt du 15 mai 1665, qui a jugé conformément à cette loi ; mais tous les auteurs n'étaient pas d'accord à cet égard. Bourjon soutient que les biens du défunt étant devenus des biens libres dans les mains des enfans de l'indigne, celui-ci a pu les recueillir dans la succession de ses enfans, et qu'autrement rait étendre une loi pénale d'un cas à un autre.

On pourrait dire encore que ce serait confondre deux successions distinctes, et violer cette règle générale suivant laquelle *hæreditas adita non est ampliùs hæreditas, sed patrimonium hæredis.*

Le Code Civil se borne à ordonner que le père déclaré indigne ne pourra, en aucuns cas, réclamer sur les biens de la succession dont il est exclu, l'usufruit que la loi accorde aux pères et mères sur les biens de leurs enfans ; (1) mais il ne lui interdit pas la faculté de les recueillir dans une autre succession.

Dans aucun cas, l'indignité n'a lieu de plein droit : elle doit être prononcée par les tribunaux, en présence de la partie intéressée, où elle est duement appelée. L'héritier présomptif qu'on veut faire déclarer indigne doit être admis à se défendre, et à prouver que la loi ne lui est pas applicable.

(1) Art. XX du liv. IIIᵉ.

TITRE III.

Des Lignes et Degrés de Parenté, qui forment les Héritiers légitimes.

LES parens du défunt sont ses héritiers légitimes : c'est la nature elle-même qui les indique. Il répugnerait à la raison que la loi leur préférât des étrangers.

C'est encore une règle fondée sur la nature, que les parens les plus proches du défunt, soit de leur chef, soit par représentation, doivent être appelés les premiers à sa succession; et l'on verra par la suite que c'était la règle générale dans les coutumes mêmes qui avaient admis une foule d' xceptions contraires.

Il est donc important de connaître parfaitement les degrés de parenté, pour décider à qui doit appartenir une succession qui est réclamée par plusieurs parens.

La parenté est une liaison entre deux ou plusieurs personnes, dont les unes descendent *médiatement ou immédiatement* des autres, ou qui descendent les unes et les autres d'une souche commune.

La proximité de parenté s'établit par le nombre de générations qui existent entre deux ou plusieurs personnes. (1)

Moins il y a de générations d'une personne à une autre, plus elles sont proches parentes.

Chaque génération s'appelle un degré. (2)

_____

(1) Art. XXV du liv. IIIᵉ.
(2) Art. XXV du liv. IIIᵉ.

La suite ou série des degrés forme la ligne. (1)

On distingue deux lignes principales : la directe et la collatérale.

La ligne directe comprend tous les ascendans et leurs descendans, et s'appelle ainsi, parce que les uns descendent directement des autres, c'est-à-dire en droite ligne.

La ligne collatérale comprend les parens qui ne descendent pas les uns des autres, mais qui descendent tous médiatement ou immédiatement d'un auteur commun : elle est donc composée de tous les parens qui ne sont entre eux ni ascendans, ni descendans. (2)

La ligne directe se subdivise en descendante et en ascendante.

La première est celle qui lie le chef avec ceux qui descendent de lui : la seconde est celle qui lie une personne avec celles dont elle descend. (3)

Lorsqu'un fils succède à son père, la succession est en ligne directe descendante, parce que la succession descend du père au fils.

Lorsque le père hérite de son fils, la succession est en ligne directe ascendante, parce qu'en ce cas la succession remonte du fils au père.

On distingue encore, soit en ligne directe, soit en ligne collatérale, la ligne paternelle et la ligne maternelle.

Les parens de la ligne paternelle sont ceux qui sont parens du défunt du côté de son père.

_____

(1) Art. XXVI du liv. IIIe.

(2) Art. XXVI du liv. IIIe.

(3) Art. XXVI du liv. IIIe.

Les parens de la ligne maternelle sont ceux qui sont parens du défunt du côté de sa mère.

Tous les ascendans *de la mère* du défunt sont parens maternels du défunt, et tous les ascendans de son *père* sont ses parens paternels.

On ne distingue pas les sexes entre ces ascendans, pour savoir quelle est la ligne à laquelle ils appartiennent.

Le bisaïeul et la bisaïeule, l'aïeul et l'aïeule, dont est issu le père du défunt, sont tous de la ligne paternelle à l'égard du défunt.

La distinction des lignes ne part que du père et de la mère du défunt.

Ainsi, le frère utérin du défunt n'est que son parent maternel, puisqu'ils ne sont pas issus du même père; et de même le frère consanguin du défunt n'est que son parent paternel, puisqu'ils n'ont pas la même mère.

Le cousin germain du défunt n'est son parent que du côté paternel, s'ils sont issus de deux frères, ou n'est son parent que du chef maternel, s'ils sont issus de deux sœurs. Dans le premier cas, le cousin germain ne tient pas à la famille de la mère du défunt; et, dans le second, il est étranger à la famille du père.

Il est très-important de bien saisir cette distinction des lignes paternelle et maternelle, et de la suivre très-exactement dans les diverses branches : elle est une des bases du nouveau mode de succession adopté par le Code Civil, puisqu'il a établi, en règle générale, que toute succession échue à des ascendans ou à des collatéraux se divise en deux parts égales, l'une pour les parens de la ligne paternelle, l'autre pour les parens de la ligne maternelle.

Il faut donc, dans toute succession qui appartient à

des ascendans ou à des collatéraux, rechercher avec soin quels sont les parens du côté du père de celui auquel il s'agit de succéder, et quels sont les parens du côté de la mère, et ne pas confondre les uns et les autres.

Mais la même personne peut être tout à la fois parente du chef paternel et du chef maternel. Deux frères germains sont parens entre eux du chef du père et du chef de la mère, puisqu'ils descendent l'un et l'autre du même père et de la même mère.

Il peut arriver aussi que, par suite d'alliances entre deux familles, on se trouve parent des deux côtés.

La distinction des parens paternels et maternels n'a pas lieu dans les successions directes déférées aux descendans. Chaque descendant tient nécessairement à son ascendant du côté du père et du côté de la mère de cet ascendant.

Les lignes se subdivisent en branches : chaque branche est une portion de la famille, qui est sortie d'une souche ou d'une tige commune.

Deux frères forment deux branches différentes issues de la même tige, qui est le père commun. Chacun de ces frères, avec ses descendans, fait une branche particulière, et les descendans se subdivisent entre eux, de la même manière, en diverses branches.

Comme, dans chaque ligne, les parens les plus proches du défunt sont ses héritiers, sauf le cas de la représentation, il faut savoir comment on calcule les degrés de parenté.

Les degrés ne se comptent pas de la même manière en ligne directe et en ligne collatérale.

Le droit civil et le droit canon étaient d'accord sur la manière de compter les degrés en ligne directe.

On compte, en ligne directe, autant de degrés qu'il y a de générations entre les personnes dont on veut connaître les degrés de parenté.

Entre le père et le fils il n'y a qu'une seule génération, celle du fils : le père et le fils sont au premier degré.

Entre l'aïeul et le petit-fils, il y a deux générations, celle du fils et celle du petit-fils : l'aïeul et le petit-fils sont au second degré. (1)

Un moyen très-simple de calculer les degrés en ligne directe, c'est d'en compter autant qu'il y a de personnes de l'un à l'autre des parens dont on veut connaître le degré de parenté, et d'en supprimer une. Du bisaïeul à l'arrière-petit-fils, il y a quatre personnes ; savoir, le père, le fils, le petit-fils et l'arrière-petit-fils : qu'on en supprime une, il reste trois degrés; et, en effet, il y a trois générations du bisaïeul au petit-fils.

En ligne collatérale, le droit civil et le droit canon avaient une différente manière de compter les degrés.

Suivant le droit civil, il fallait toujours remonter, de chacune des personnes dont on voulait trouver le degré de parenté, à l'auteur commun dont elles étaient descendues, et compter autant de degrés qu'il y avait de personnes, à l'exception seulement de celle qui était la source commune.

Suivant le droit canon, on ne comptait pas des deux côtés, mais seulement depuis la plus éloignée des personnes dont on cherchait la parenté, jusqu'à l'auteur commun exclusivement.

D"après le droit civil, deux frères étaient au second

(1) Art. XXVII du liv. IIIᵉ.

degré, parce qu'en remontant de chacun des deux frères à l'auteur commun, qui était le père, on trouvait deux personnes; savoir, les deux frères eux-mêmes, sans compter l'auteur commun.

D'après le droit canon, les deux frères n'étaient qu'au premier degré, parce qu'on ne comptait que d'un côté; savoir, d'un des frères à leur père.

L'oncle et le neveu étaient au second degré, parce qu'il y avait deux personnes depuis le neveu jusqu'à son aïeul, qui était l'auteur commun: l'oncle n'était cependant éloigné que d'un seul degré de cet aïeul, qui était son père; mais nous avons observé que l'on comptait depuis la personne la plus éloignée.

Le Code Civil a préféré la supputation des degrés suivant le droit civil. (1)

Ainsi, pour connaître le degré de parenté entre deux personnes en ligne collatérale, il faut compter toutes les générations, depuis l'un jusqu'à l'autre de ces parens inclusivement, en remontant de l'un jusqu'à l'auteur commun qui ne se compte pas, et en descendant ensuite depuis cet auteur commun jusqu'à l'autre parent, ou, ce qui est la même chose, il faut compter toutes les personnes qui font la série de parenté de l'un à l'autre des deux parens, en remontant pareillement de l'un à l'auteur commun des deux, et descendant ensuite jusqu'à l'autre; et le nombre de ces personnes, en y comprenant les deux dont on veut connaître le degré de parenté, forme le nombre des degrés, mais en supprimant toujours du calcul la personne de l'auteur commun.

_____

(1) Art. XXVIII du liv. III*.

4

EXEMPLE.

GILBERT.

4. JEAN.	PIERRE. 3.
5. ANTOINE.	GEORGE. 2.
6. SÉBASTIEN.	MATHIEU. 1.

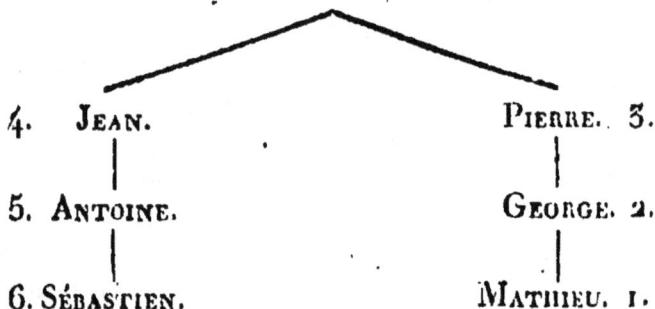

Entre Mathieu et Sébastien, qui sont cousins-issus-de-germains, il y a, 1° trois générations, en remontant de Mathieu à Gilbert, auteur commun ; savoir, celle de Mathieu, celle de George et celle de Pierre ; 2° trois autres générations, en descendant de l'auteur commun à Sébastien ; savoir, celle de Jean, celle d'Antoine et celle de Sébastien.

On ne compte pas la génération de Gilbert, parce qu'elle ne pourrait avoir lieu qu'en remontant plus haut que lui.

Il y a donc de Mathieu à Sébastien six générations, et il y a pareillement six personnes, non compris l'auteur commun.

Mathieu et Sébastien sont parens au sixième degré.

Mathieu et Antoine sont parens au cinquième.

George et Antoine sont parens au quatrième.

Antoine et Pierre sont parens au troisième.

Ainsi, les frères et sœurs sont entre eux parens au deuxième degré.

L'oncle et le neveu sont parens au troisième.

Le grand-oncle et le petit-neveu sont parens au quatrième.

Les cousins-germains sont aussi parens au quatrième.

Deux cousins, dont l'un a le germain sur l'autre, ce qu'on appelle, en certains pays, l'oncle à la mode de Bretagne, comme Antoine et Mathieu, dans l'exemple ci-dessus, sont parens au cinquième.

Les cousins-issus-de-germains sont parens au sixième degré.

Et ainsi de suite, en augmentant d'un degré, toutes les fois qu'il y a un parent de plus dans l'un des côtés.

Toute personne qui se présente pour recueillir une succession, comme parente du défunt, doit établir sa parenté, si elle est contestée.

La parenté s'établit par le rapport d'actes de naissance, de mariage et de décès.

Si l'on ne peut rapporter ces actes parce qu'il n'aurait pas existé de registres, ou qu'ils se seraient perdus, l'article XLVI du 1er livre du Code Civil autorise à faire preuve, tant par titres que par témoins, que réellement il n'a pas été tenu de registres, ou qu'ils sont perdus, et à prouver ensuite les naissances, mariages et décès, tant par les registres et papiers émanés des pères et mères décédés, que par témoins.

On établit encore sa parenté par des titres authentiques, comme des partages, licitations, actes de tutelle, contrats de mariage, donations, testamens, etc.

La possession d'état et des commencemens de preuve par écrit peuvent aussi, dans certains cas, et suivant les circonstances, faire admettre la preuve testimoniale; mais, en thèse générale, on ne doit admettre que des preuves écrites.

TITRE IV.

Des diverses manières de succéder.

ON a vu qu'il y avait, dans le droit écrit, deux manières de succéder, l'une par proximité de degré, l'autre par représentation, et qu'il y en avait encore une troisième dans les coutumes, par l'affectation des biens à telle ou à telle ligne, ou à telle branche ou classe de parens, suivant les qualités des personnes, et la nature ou l'origine des biens.

Nous allons les examiner séparément.

CHAPITRE PREMIER.

De la manière de succéder par proximité de Degré.

« Tous les hommes, a dit Lebrun, dans sa préface du Traité des Successions, desirent naturellement de savoir qui succédera, après leur mort, aux biens dont ils jouissent pendant leur vie. Ils ont coutume de consulter à cet effet la loi des successions, et ils trouvent ordinairement que, comme le législateur l'a dressée suivant le vœu de la nature et l'inclination la plus générale, elle leur destine pour héritiers *ceux qui auraient été le sujet de leur propre choix* : ils défèrent alors à la loi de leurs pays, et abandonnent volontiers leurs biens au cours ordinaire. »

« Si les successions *ab intestat*, ajoute encore Lebrun, sont légitimes, elles ne sont pas moins naturelles ; car la loi, qui les défère *aux plus prochains héritiers*, ne fait que suivre l'inclination du sang et la pente de la nature. »

« Il importe, a dit le conseiller d'état Treilhard dans l'exposé des motifs de la loi sur les successions, il importe de se pénétrer de toutes les affections naturelles et légitimes, lorsqu'on trace un ordre de successions. On dispose pour tous ceux qui meurent sans avoir disposé : la loi présume qu'ils n'ont eu d'autre volonté que la sienne ; elle doit donc prononcer, comme eût prononcé le défunt lui-même au dernier instant de sa vie, s'il eût pu, ou s'il eût voulu s'expliquer. »

En effet, la loi n'ayant d'autre office à remplir que de suppléer la volonté de l'homme qui est mort sans l'exprimer, doit régler la transmission de ses biens, comme il est présumable qu'il en eût disposé lui-même ; elle doit donc conférer la succession au parent pour lequel le défunt doit être présumé avoir eu le plus d'affection, et le défunt doit être présumé avoir eu plus d'affection pour celui avec lequel il était uni le plus étroitement par les liens du sang, que pour ses autres parens plus éloignés en degré. C'est donc en général le parent le plus proche qui doit être appelé à la succession ; et il est conforme au vœu de la nature de régler ainsi l'ordre des successions sur celui des affections.

Sans doute, la présomption que le défunt préférait son parent le plus proche n'est pas toujours la vérité, sur-tout en ligne collatérale ; mais comme elle est la plus naturelle, la plus raisonnable, et, en un mot, la plus vraisemblable, quand le défunt a gardé le silence, la loi ne devait pas en admettre d'autre.

Aussi, de tout temps, et dans les coutumes, comme dans le droit écrit, on a regardé comme une règle principale en matière de succession, que l'hérédité doit appartenir au parent le plus proche du défunt.

Le droit écrit n'avait admis qu'une seule exception à cette règle : c'étoit le droit de représentation, qui produit l'effet de faire remonter au degré le plus proche du défunt un parent qui se trouve personnellement à un degré plus éloigné ; et l'on verra bientôt que cette exception se trouve dans le sens même de la présomption qui sert de base à la règle générale.

Mais, outre le droit de représentation, les coutumes avaient admis beaucoup d'autres exceptions, qui ne découlaient plus des affections ou de la volonté présumée du défunt, et les contrariaient même dans presque tous les cas.

Ainsi l'affectation des biens, à raison de leur nature ou de leur origine, les prérogatives de la primogéniture et de la masculinité, les dévolutions coutumières, et le privilège du double lien, conféraient souvent à des parens éloignés, au préjudice des parens les plus proches, la totalité ou la majeure partie des successions, ou n'attribuaient que des portions très-inégales aux parens qui étaient cependant à degrés égaux, et même aux enfans issus du même père.

Comme le droit écrit, le Code Civil n'admet d'autre exception à la règle générale que le droit de représentation : comme le droit écrit, il ne forme de tous les biens du défunt qu'un seul patrimoine, sans considérer ni quelle fut leur origine, ni quelle est leur nature ; (1) et il l'attribue également aux parens qui se trouvent les plus proches, soit de leur chef, soit par représentation, sans distinction de sexe ni de primogéniture, sans avoir égard ni au double lien, ni à la différence des mariages dont se trouvent issus les héritiers. (2)

---

(1) Art. XXII du liv. IIIe.
(2) Art. XXXV du liv. IIIe

Il existe cependant une différence entre le Code Civil et le droit écrit.

Celui-ci n'appelait pour héritier de la totalité des biens que le parent le plus proche, de quelque ligne qu'il fût, sans distinguer entre la ligne paternelle et la ligne maternelle; en sorte que le parent le plus proche, soit paternel, soit maternel, succédait seul, à l'exclusion de tous les autres parens de l'autre ligne, qui, soit de leur chef, soit par représentation, n'étoient pas à un degré aussi prochain.

Le Code Civil, au contraire, lorsqu'il n'y pas d'enfans ou descendans du défunt, partage la succession par moitié entre la ligne paternelle et la ligne maternelle, et attribue la moitié au parent le plus proche dans chaque ligne. (1)

L'homme, en effet, tient à deux familles, à celle de son père et à celle de sa mère : il est présumé avoir une affection égale pour ses parens de l'un et de l'autre côté, et il a d'ailleurs presque toujours des biens qui proviennent de l'une et de l'autre lignes; ses parens des deux lignes doivent donc être également appelés à sa succession; et, pour que l'une ne soit pas exclue par l'autre, le Code Civil appelle, lorsqu'il n'y a pas d'enfans ou descendans, le parent le plus proche du côté paternel et le parent le plus proche du côté maternel.

C'est le vœu de la nature d'accord avec la justice.

C'est d'ailleurs resserrer les liens des deux familles, que de leur accorder également le droit de successibilité.

C'est enfin un terme moyen propre à concilier les usages si opposés qui avaient lieu à cet égard dans les pays coutumiers et dans les pays de droit écrit.

_____

(1) Art. XXIII du liv. IIIe.

On tenait beaucoup, dans les pays de coutume, à ce que les biens d'une famille ne passassent point à l'autre par le système des successions, et l'on y était en conséquence fort attaché à la règle qui attribuait aux parens paternels les biens provenus de leur ligne, et aux parens maternels les biens provenus de la ligne maternelle.

Dans les pays de droit écrit, au contraire, on tenait fortement à la règle qui faisait passer tous les biens, sans distinction d'origine, au parent le plus proche du défunt, parce qu'elle était plus simple, plus en harmonie avec le droit de propriété, et plus conforme à l'affection présumée du défunt.

Mais si, d'un côté, on avait donné trop d'extension à la règle *paterna paternis*, en ne se bornant pas à diviser les biens entre la ligne paternelle et la ligne maternelle, en appelant, au contraire, les diverses branches de chaque ligne, et en affectant même exclusivement les propres anciens aux descendans de l'auteur commun qui les avait possédés, ce qui opérait beaucoup trop de morcellemens et des difficultés sans nombre ; d'autre part aussi, en attribuant la totalité de la succession au parent le plus proche, soit paternel, soit maternel, on dépouillait toujours une des lignes au profit de l'autre, et tout dépendait du hasard de l'événement d'une mort plus prochaine dans une ligne plutôt que dans l'autre.

Il a paru plus juste d'appeler le plus proche parent de chaque ligne, et d'attribuer à chacun d'eux la moitié de la succession ; la présomption la plus commune étant que l'une et l'autre lignes ont à peu près également contribué à la formation de la masse.

On empêche ainsi qu'une ligne s'enrichisse aux dépens de l'autre, et l'on traite également les deux familles dont était issu le défunt, et qui lui étaient également chères.

Mais on n'a pas dû aller plus loin. C'eût été renou-

veler une foule de débats et de procès, que d'affecter
aux parens de la ligne paternelle les biens provenus de
cette ligne, et aux parens de la ligne maternelle ceux
qui en étaient sortis.

Cette distinction n'aura plus lieu dans le partage des
successions. Sans rechercher quelle fut l'origine des
biens, on en formera une masse commune qu'on divi-
sera en deux parties égales entre le plus proche parent
paternel et le plus proche parent maternel, et ni l'un ni
l'autre ne pourra réclamer exclusivement, ou seulement
par préférence, les biens provenus de sa ligne. (1)

On ne recherchera pas non plus, dans la même ligne,
le parent le plus proche de la *branche* paternelle, et
le parent le plus proche de la *branche* maternelle,
pour diviser entre eux la moitié affectée à cette ligne.
Le plus proche dans la ligne, de quelque branche qu'il
soit, issu ou non des deux côtés, exclura tous les parens des autres branches qui se trouveront à un degré
plus éloigné que le sien, lorsque la représentation ne
les rapprochera point à un degré égal. (2)

S'il se trouve dans la même ligne plusieurs parens
qui soient à degrés égaux, soit de leur chef, soit par
représentation, ils prendront conjointement la moitié
affectée à cette ligne, quand ils seraient tous de la même
branche, et à l'exclusion de tous autres parens des autres
branches qui seraient à des degrés plus éloignés.

En un mot, c'est par la proximité du degré *dans
la ligne toute entière*, et non par la proximité du degré
dans chaque branche séparément, qu'on sera habile
à recueillir *toute* la portion déférée à la ligne.

La subdivision entre les branches de la même ligne

----

(1) Art. XXII du liv. IIIe.
(2) Art. XXIV du liv. IIIe.

avait été admise par quelques coutumes, et la loi du 17 nivose an 2 paraissait l'avoir adoptée. On l'appelait *re-fente*, parce qu'après la fente de la succession entre la ligne paternelle et la ligne maternelle, elle opérait encore une refente entre les diverses branches de chaque ligne.

Le Code Civil a proscrit avec raison ce système qui était une source féconde de procès, qui mettait en concours des parens très - éloignés avec d'autres parens beaucoup plus proches dans la même ligne, et appelait d'ailleurs à la succession une foule d'héritiers, ce qui produisait l'effet de ne laisser presque rien à chacun.

Le Code Civil a dû prévoir le cas où il ne se trouverait pas, dans une ligne, de parens au degré successible : alors il attribue la totalité de la succession à l'autre ligne, en appelant toujours l'héritier le plus proche ; mais il ne se fait aucune dévolution d'une ligne à l'autre, que lorsqu'il ne se trouve aucun ascendant, ni collatéral de l'une des lignes. Hors ce cas, jamais une ligne n'exclut l'autre. (1)

L'ancien droit romain n'accordait pas le droit de succéder au-delà du septième degré de parenté, loi IV. d. *de gradibus et affinibus ;* Justinien l'étendit jusqu'au dixième degré inclusivement.

Dans quelques coutumes, comme en Normandie, on ne succédait que jusqu'au septième ; mais on y suivait la computation canonique, ce qui faisait le quatorzième degré en droit civil où l'on compte des deux côtés.

Suivant le droit commun, on succédait à l'infini à l'exclusion du fisc, pourvu que l'on prouvât sa parenté.

La faveur due à la famille et le titre naturel qui l'appelle à la succession, ont motivé la disposition du nou-

---

(1) Art. XXIII du liv. III.

veau code qui prolonge jusqu'à douze degrés civils inclusivement la faculté de succéder. (1).

Mais, après le douzième degré, les preuves de la parenté deviennent très-difficiles. Il est rare d'ailleurs que le défunt laisse des parens à des degrés plus éloignés.

CHAPITRE II.

De la manière de succéder par représentation.

Pour traiter cette matière avec ordre , nous examinerons :

1° Quels sont les motifs qui ont fait admettre le droit de représentation, et comment il est admis;

2° Quelles sont les personnes qui peuvent représenter, et celles qui peuvent être représentées;

3° Quel est le partage qui a lieu dans le cas où la représentation est admise.

SECTION PREMIÈRE.

Des Motifs qui ont fait admettre le droit de Représentation , et comment il est admis.

La représentation , suivant la Novelle 118, est un droit par lequel l'enfant succède au lieu de son père qui est décédé avant que la succession soit ouverte.

C'est un moyen, dit Ricard, par lequel celui qui se trouve, dans l'ordre de la nature, éloigné d'un ou de plusieurs degrés pour venir à une succession, y est néanmoins appelé par ce bénéfice, en le faisant représenter ses ascendans morts naturellement ou civilement

_____

(1) Art. XLV du liv. IIIe.

au temps de la succession échue, et feignant qu'il est au degré de l'ascendant qui se serait trouvé, s'il eût vécu, le plus proche, ou au moins à un degré égal avec d'autres parens, pour recueillir la succession.

La représentation est donc une subrogation légale d'un homme vivant à un homme mort : elle produit l'effet de faire déclarer héritier celui qui représente, comme l'aurait été le représenté, s'il eût vécu à l'époque de l'ouverture de la succession.

Il en résulte que le représentant doit prendre entièrement la place du représenté, et que montant à son degré, il doit jouir de tous ses droits : il est en un mot substitué, sous tous les rapports, à la personne du représenté.

Il n'en était pas ainsi dans quelques-unes de nos coutumes : la représentation n'y produisait d'autre effet que de rapprocher le représentant du degré du représenté; mais elle ne lui en procurait pas tous les avantages et tous les droits, soit à raison de la qualité des personnes, soit à raison de la nature des biens; ce n'était donc qu'une représentation imparfaite.

Le Code Civil qui ne considère, dans le partage des successions, ni les diverses qualités des personnes, ni la nature des biens, a, comme le droit écrit, adopté la représentation entière et parfaite. Il confère au représentant tous les droits du représenté, et le met entièrement à sa place. (1)

Tantam ex hæreditate percipient portionem, quantam eorum parens futurus erat accipere, si superstes fuisset. Nov. 118. chap. III.

Nous avons dit précédemment que la représen-

_____

(1) Art. XXIX du liv. IIIe.

tation, quoi qu'elle fût une exception à la règle générale d'après laquelle la succession doit appartenir au parent le plus proche du défunt, se trouvait néanmoins dans le sens même de la *présomption* qui servait de base à cette règle ; et, en effet, le parent le plus proche n'est préféré que parce qu'on *présume* qu'il était celui pour lequel le défunt avait le plus d'affection ; mais, comme dans l'ordre naturel des affections, il existe une représentation réelle qui met les enfans à la place des pères qui sont décédés, et reporte sur eux toute la tendresse des ascendans, la loi devait donc aussi admettre une représentation qui mit également, pour la successibilité, les enfans à la place de leur père, et rapprochât, en quelque sorte, les degrés, comme l'affection du défunt les avait elle-même rapprochés.

Cette représentation admise par la loi n'est, si l'on veut, qu'une fiction ; mais elle est une image réelle de la vérité, et, sans elle, il est évident que, presque toujours, la loi serait en opposition avec les affections du défunt, et violerait ses intentions.

L'aïeul aime ses petits-enfans, comme il aimait son fils : ils lui tiennent lieu du fils qu'il a perdu, et le représentent à ses yeux : ils ont dans son cœur la même place que leur père y occupait ; ils auront aussi dans sa succession les mêmes droits : c'est son vœu le plus cher que la loi vient remplir.

A ce motif d'affection se joignent encore ceux de la justice et de l'égalité qui se trouvent parfaitement développés dans le discours du tribun Siméon sur la loi des successions.

« Un père, a-t-il dit, avait plusieurs enfans ; il en a marié un qui l'a prédécédé, laissant lui-même des enfans. L'héritage paternel se divisera-t-il entre les enfans du père, sans que ses petits-enfans, sous prétexte qu'ils ne sont qu'au second degré, y prennent aucune part? Au malheur d'avoir perdu leur père joindront-ils celui d'être privés de la portion qu'il aurait eue dans les biens de leur aïeul? Si leur père eût vécu, ses frères, leurs oncles, auraient partagé avec lui. Pourquoi ne partageraient-ils pas avec eux? A défaut de leur père, leur aïeul ne leur devait-il rien?

Le droit, ajoute le C. Siméon, avait introduit, pour ce cas, la représentation, et le Code a dû le conserver. C'est une fiction dont l'effet est de considérer le représentant comme le représenté, et de le faire entrer dans la place, le degré et les droits de celui qu'il représente : fiction heureuse qui répare les torts d'un sort cruel, protège des orphelins, et réalise les espérances dans lesquelles ils avaient été conçus. »

Le droit de représentation a subi quelques variations chez les Romains.

La représentation en ligne directe descendante ne fut dégagée de toutes restrictions, et la représentation en ligne collatérale ne fut établie, que par la Novelle 118.

Suivant le chapitre premier de cette Novelle, la succession d'un ascendant devait être partagée entre tous ses enfans et descendans, en quelque degré qu'ils fussent : les enfans prenaient des portions égales : les descendans représentaient leur père ou mère qui était prédécédé, mais ne prenaient entre eux tous, quel que fût leur nombre, que la part qu'aurait eue celui qu'ils représentaient, s'il eût vécu, et cette représentation était admise jusqu'aux degrés les plus éloignés des descendans, en faveur des filles, comme en faveur des mâles.

Par le chapitre second, les ascendans étaient appelés au défaut de tous les descendans, mais sans représentation. Seulement, lorsqu'il se trouvait plusieurs ascen-

dans au même degré, il se formait entre eux une espèce
de renonciation ou d'accroissement en vertu de laquelle
les ascendans paternels prenaient la moitié de la succession, et les ascendans maternels l'autre moitié, quoique
le nombre des ascendans fût moins considérable d'un
côté que de l'autre.

Le chapitre troisième introduisit la représentation
en ligne collatérale, mais la borna aux enfans des frères,
et ne l'étendit pas aux enfans des autres collatéraux, qui
tous venaient par tête, selon leur nombre et leur degré
de proximité, les plus proches excluant toujours les plus
éloignés.

La représentation fut admise dans les pays coutumiers; mais elle n'y fut reçue, ni d'une manière égale,
ni dans toutes les coutumes.

Il y en a qui l'ont rejetée, tant en ligne directe qu'en
ligne collatérale, comme Ponthieu, Artois et Boulon-
nais.

D'autres l'ont admise en directe, et l'ont rejetée en
collatérale.

Plusieurs l'ont admise à l'infini dans l'une et l'autre
lignes.

D'autres l'ont étendue en collatérale, au-delà des
termes de droit, sans la porter à l'infini, comme en
directe.

Quelques-uns, l'admettant à l'infini en ligne directe,
lui ont donné, en ligne collatérale, plus d'étendue pour
certaines espèces de biens que pour d'autres.

Plusieurs encore ne l'ont admise que pour certaines
personnes et des biens d'une nature particulière.

Mais, dans le plus grand nombre, elle a été reçue
dans les termes de droit, c'est-à-dire jusqu'à l'infini en

ligne directe, et jusqu'aux enfans des frères du défunt en ligne collatérale.

Pour ramener sur tous ces points à une législation uniforme, il fallait choisir entre le droit écrit et les divers usages des pays coutumiers, ce qui était le plus conforme à l'ordre de la nature et à la présomption de la volonté du défunt.

Or, point de difficulté en ligne directe descendante. L'affection de l'homme s'étend à tous ses descendans; tous lui sont également chers. Ceux qui survivent remplacent dans son cœur ceux qui sont décédés : tous sont ses enfans et sa postérité; la représentation ne doit donc pas avoir de limites en ligne directe descendante. (1)

Il n'en est pas de même en ligne directe ascendante.

L'enfant doit avoir, et a réellement plus de tendresse pour son père que pour son aïeul, et plus ses ascendans sont éloignés de lui, moins il éprouve pour eux de cette affection vive et spontanée que la nature elle-même inspire.

Les ascendans les plus proches doivent donc exclure les ascendans plus éloignés, et il ne peut y avoir entre eux de représentation. (2)

Il semble d'ailleurs que la représentation ne puisse avoir lieu qu'en remontant, et jamais en descendant.

Il y a plus de difficulté à l'égard de la ligne collatérale.

La représentation, dans cette ligne, doit-elle être bornée aux enfans des frères et sœurs du défunt?

_____

(1) Art. XXX du liv. IIIe.
(2) Art. XXXI du liv. IIIe.

Ou bien doit-elle être étendue à tous les descendans des frères et sœurs ?

Ou enfin doit-elle être illimitée, comme en ligne directe, et s'étendre à tous les parens collatéraux ?

Ces trois systèmes partageaient nos coutumes, et chacun d'eux a ses partisans et ses défenseurs.

Mais, pour décider quel est celui qui mérite la préférence, il ne s'agit toujours, en restant fidèles à notre principe, que de vérifier ce qui est le plus conforme au vœu de la nature, à l'ordre des affections, et à la présomption de la volonté du défunt.

L'homme qui n'a pas de postérité, et qui perd des frères qu'il aimait, reporte naturellement son affection sur tous leurs descendans. Ses neveux, ses petits neveux, sont toujours pour lui ce qu'étaient ses frères, dont ils prennent successivement la place ; tous ont recueilli et partagé ses caresses ; leur réunion est pour lui l'image de la primitive famille, et le tableau vivant qui lui rappelle tous ses frères. La représentation en faveur de tous les descendans des frères, est donc un droit établi par la nature elle-même ?

Gardons-nous, d'ailleurs, de rompre trop vîte, par nos institutions, les liens qui unissent les familles. Cette union fait le bonheur des états.

Mais aussi la loi ne doit pas aller plus loin que la nature elle-même, et supposer des affections égales, lorsque cette égalité n'existe pas réellement.

Étendre la représentation à tous les parens collatéraux sans distinction, la faire remonter jusqu'aux oncles et aux grands-oncles et à leurs enfans et descendans, mettre en concurrence les cousins et arrière petits-cousins du défunt avec les descendans de ses frères et sœurs, ce serait supposer que le défunt avait la même tendresse pour les uns et pour les autres, et cette supposition serait contre la nature et contre la vérité, ou, au moins, contre la présomption la plus raisonnable. Le cœur de l'homme ne met pas ordinairement sur la même ligne les descendans des oncles et grands-oncles, et les des-cendans de ses frères et sœurs : toute la branche de ses frères et sœurs lui tient par des liens plus proches, et con-séquemment plus chers, et c'est une chose bien vraie que la tendresse qui coule, comme de source, dans les branches égales ou descendantes, ne remonte pas avec la même intensité aux branches ascendantes.

Donner la représentation, en ligne collatérale, aux enfans et descendans des frères et sœurs du défunt, à l'exclusion de tous autres parens collatéraux, c'est donc avoir suivi la nature dans l'ordre de ses affections; et toutes les fois qu'on la prend pour guide, il est rare qu'on se trompe.

Étendre la représentation plus loin, c'eût été ad-mettre une fiction, lorsque la réalité ne peut plus exister à cause de l'éloignement des degrés, et l'on n'aurait su enfin où s'arrêter.

Il faut aussi, dans cette matière, comme dans toutes les autres, consulter les intérêts de la société auxquels doivent être toujours subordonnés les intérêts indivi-duels. Or, si l'on admettait la représentation à l'infini, il y aurait presque toujours, pour chaque succession collatérale, un très-grand nombre d'héritiers; et l'a-griculture, ainsi que le commerce, demandent que les biens des successions ne soient pas trop divisés.

Appeler à une succession une foule d'héritiers, c'est, d'ailleurs, ne donner le plus souvent, à chacun d'eux, que des embarras et des procès.

Tels sont les principes consacrés par le Code Civil.

En ligne directe descendante, représentation à l'infini.

En ligne directe ascendante, point de représentation.

En-ligne collatérale, représentation bornée aux enfans et descendans des frères et sœurs du défunt. (1)

SECTION II.

Quelles sont les personnes qui peuvent représenter, et celles qui peuvent être représentées ?

Pour représenter dans une succession , il faut avoir les qualités qui sont requises pour succéder; autrement, la représentation deviendrait inutile, puisqu'elle ne pourrait donner le droit de succéder à celui qui n'aurait pas les qualités requises pour être héritier.

Ainsi l'enfant qui n'était pas conçu à l'époque de l'ouverture de la succession, ou qui est mort, avant de sortir du sein de sa mère, ou qui n'est pas né viable, l'individu mort civilement, l'étranger dans le pays duquel un Français n'hériterait pas en semblable succession, et celui qui, ayant d'ailleurs les qualités requises pour succéder, serait déclaré indigne, ne peuvent, ni les uns ni les autres, jouir de la représentation, parce qu'ils ne peuvent être héritiers.

Cette règle était universellement adoptée.

Par la même raison, on ne peut représenter celui qui n'avait pas les qualités requises pour succéder, ou qui a été déclaré indigne.

_____

(1) Art. XXXII du liv. IIIe.

La représentation ayant pour objet de donner au représentant les droits du représenté, et de le mettre à sa place, il est évident que le représentant ne peut avoir des droits que n'avait pas le représenté, et qu'ainsi le représenté ne pouvant être héritier, le représentant ne peut pas l'être en prenant sa place.

Cependant le droit écrit admettait à représenter les personnes mortes civilement. *Si quâ pœnâ pater fuerit affectus, ut vel civitatem amittat, vel servitutem amittat, vel servus pœnœ officiatur, sine dubio nepos filii loco succedit.* C'est la disposition de la loi *si quâ pœnâ, ff. de his qui sunt sui vel alieni juris.*

Cette exception à la règle générale se trouvait aussi dans quelques-unes de nos coutumes, et notre ancienne jurisprudence l'avait généralement adoptée.

Le Code Civil l'a maintenue par esprit de justice, afin que les enfans ne soient pas privés des successions par la faute de leur père. (1)

Il semble que cette raison de justice serait également applicable aux enfans de l'indigne ; et cependant le Code Civil, comme le droit écrit et les coutumes, n'admet pas à représenter l'héritier qui a été déclaré indigne. Les enfans de l'indigne ne peuvent venir que de leur chef.

Mais on a considéré que l'indignité ayant lieu pour cause de crimes, ou au moins de délits graves, commis sur la personne même dont la succession est ouverte, il serait contre l'honnêteté publique d'appeler à cette succession le représentant de l'assassin, ou du dénonciateur du défunt; au lieu que, dans le cas de la mort civile, le crime étant étranger à l'auteur de la succession, il

---

(1) Art. XXXIV du liv. IIIᵉ.

n'y a pas d'inconvenance relative à admettre la représentation en faveur des enfans du coupable.

D'ailleurs, la personne morte civilement n'a jamais pris, ni pu prendre la succession. La place et le degré qu'elle aurait pu occuper, se trouvent donc vacans, et le représentant peut les remplir. Au contraire, l'indigne, s'il a survécu à la personne à laquelle il était habile à succéder, a été réellement héritier jusqu'au moment où il a été déclaré indigne : il a été saisi par la loi, et a rempli son degré. Une autre personne ne peut donc être appelée à remplir le même degré, ni à prendre la place que l'indigne avait occupée, parce qu'on ne peut représenter celui qui a été déjà héritier lui-même, et qu'évidemment celui qui a été héritier et a cessé de l'être, ne peut être représenté comme héritier, puisqu'ayant perdu cette qualité, il ne peut la transmettre.

Il est une autre règle générale en matière de représentation ; c'est qu'on ne représente pas les personnes vivantes, mais seulement celles qui sont mortes naturellement ou civilement.

C'était une disposition du droit écrit en la loi *si pœnâ* 7, *ff. de his qui sunt sui vel al. jur.*, et en la loi 2, *ff. non solum, ff. de excusat. tut.* Elle était suivie dans nos coutumes, et consacrée par la jurisprudence : elle se trouve aussi dans le Code Civil. (1)

Il est évident qu'on ne peut pas entrer dans la place de celui qui est vivant et qui remplit lui-même son degré.

Mais, lorsqu'une personne appelée à recueillir une succession, y a renoncé *gratuitement*, et d'une manière pure et simple, ne peut-on pas la représenter, puisqu'elle ne remplit pas réellement son degré, et que sa place se trouve vacante ?

_____

(1) Art. XXXIV du liv. III*.

Cette question a été long-temps controversée parmi les jurisconsultes.

Le Code Civil la résout d'une manière conforme, et à la règle générale que nous venons d'annoncer, et à la jurisprudence la plus suivie.

Il dispose qu'on ne vient jamais par représentation d'un héritier qui a renoncé; (1) que sa part accroît à ses cohéritiers, si sa renonciation est pure et simple ; (2) et que, dans le cas seulement où il est seul héritier, sa portion est dévolue aux parens du degré subséquent qui viennent alors de leur chef, mais non par représentation. (3)

En effet, s'il y a d'autres héritiers en pareil degré que le renonçant, ceux qui voudraient prendre sa part, ne pourraient la réclamer qu'en prenant sa place par représentation ; *mais on ne peut représenter une personne vivante.*

Si le renonçant avait pour cohéritiers des parens plus éloignés que lui, mais rapprochés de son degré par le bénéfice de la représentation, il est certain encore qu'on ne pourrait prendre sa place pour concourir avec ses cohéritiers, qu'en le représentant lui-même.

Mais, s'il était seul héritier, ses enfans qui se trouveraient à un degré plus éloigné, n'auraient pas besoin de le représenter pour venir à la succession à laquelle il aurait renoncé ; ils la prendraient non point à titre de représentation, mais de leur chef, et à titre de dévolution, conformément à l'édit du préteur appelé *successorium :* ils ne sont pas exclus de la succession, parce que leur père y a renoncé : seulement ils ne

---

(1) Art. LXXVII du liv. III.
(2) Art. LXXVI du liv. III.
(3) Art. LXXVII du liv. III.

peuvent remplir son degré; mais ils viennent de leur chef, au degré où ils se trouvent : seuls, s'ils se trouvent seuls les plus prochains en degré après le renonçant, ou en concours avec d'autres parens qui seraient au même degré qu'eux.

Ainsi, lorsqu'un homme décédé sans postérité a laissé des descendans d'un frère, et un autre frère qui a renoncé à sa succession, les enfans du frère renonçant sont exclus par tous les descendans de l'autre frère. Tous ces descendans en effet arrivent, par le bénéfice de la représentation, au degré de leur père, au lieu que les enfans du renonçant, ne pouvant le représenter, restent à un degré plus éloigné.

De même, si le défunt avait laissé deux fils, dont l'un eût renoncé à sa succession, et l'autre l'eût acceptée, les enfans du renonçant seraient exclus par le fils qui aurait accepté, et même par tous ses descendans, à quelque degré qu'ils fussent éloignés, parce qu'ils viendraient tous, par représentation, au degré du fils qui a accepté, et que les enfans du renonçant ne peuvent venir que de leur chef.

Si le défunt avait laissé deux fils qui eussent également renoncé, les enfans issus de l'un et de l'autre viendraient en concours à la succession de l'aïeul; mais ce serait de leur chef qu'ils seraient appelés. (1)

Si le défunt n'avait laissé qu'un fils qui eût renoncé à son hérédité, les petits-fils et tous leurs descendans viendraient de leur chef à la succession, *à l'exclusion de tous parens collatéraux*, parce que les successions ne sont déférées aux collatéraux que lorsqu'il n'y a pas de descendans du défunt. (2)

_____

(1) Art. LXXVII du liv. IIIᵉ.
(2) Art. XXXV du liv. IIIᵉ.

Les mêmes règles doivent s'appliquer au cas où le plus prochain héritier serait mort , *sans avoir accepté, ni renoncé :* ses enfans ne pourraient le représenter, puisqu'il était vivant à l'époque de l'ouverture de la succession , ils ne pourraient donc recueillir que comme ses héritiers *personnels ,* la succession à laquelle il avait droit : l'hérédité qui lui était échue se trouverait dans sa propre succession, puisqu'il n'y aurait pas renoncé, et que la renonciation ne se présume pas : elle ne pourrait en être distraite par ses enfans qui voudraient le représenter dans un temps où il vivait.

Cependant , les enfans pourraient renoncer à l'hérédité échue à leur père, mais qu'ils n'auraient pas encore acceptée, pour s'en tenir à sa succession personnelle. L'article LXXI du IIIe livre du Code Civil contient une disposition précise à cet égard.

C'était aussi la disposition du droit romain. *L.* 19, *c. de jur. delib.*

Mais , en ce cas, le fils ne pourrait, en répudiant la succession de son père, prendre la succession de son aïeul, s'ils ne se trouvait lui-même, *et de son chef ,* le plus prochain héritier de cet aïeul : il ne pourrait l'avoir comme représentant son père, puisqu'encore une fois on ne représente pas un homme vivant ; mais il l'aurait de son chef, *et ex successorio edicto.*

Ce cas particulier était prévu par la loi dernière *c. undè liberi,* et par la glose sur la loi *si quis filium §. si filius , ff. de adquir. vel omitt. haeredit. verb. abstinere,* où il est dit : *Sed si vellet abstinere à paternâ et habere avitam, posset.*

Quoiqu'on ne puisse représenter l'héritier qui a renoncé , on peut cependant représenter celui à la succession duquel on a renoncé, s'il était mort avant l'ouverture de la succession dans laquelle on veut le représenter. (1)

C'était encore une règle constamment reçue dans notre jurisprudence, qu'il n'est pas nécessaire d'être héritier de celui qu'on représente.

En effet, ce n'est pas de la main du représenté que le représentant tient ses droits, mais de la disposition de la loi. Le représenté n'avait aucuns droits à la succession, puisqu'il était décédé avant qu'elle fût ouverte ; il ne peut donc en transmettre aucuns, et conséquemment il n'est pas nécessaire d'être son héritier, pour recueillir à sa place la succession.

Le droit de représentation, dit Lebrun, a son fondement dans la nature qui fait une subrogation perpétuelle des enfans au père, et rend un père mort en la personne du fils qui survit.

Il existe donc cette différence entre la transmission des biens par succession et la représentation, que la transmission des biens ne peut avoir lieu qu'au profit de l'héritier, parce que les biens du défunt ne peuvent être transmis qu'à celui qui lui succède, au lieu que les biens que vient prendre le représentant, n'ayant jamais appartenu au représenté, ce n'est pas dans la succession du représenté qu'ils se trouvent ; et qu'il suffit conséquemment, pour les recueillir, de prendre sa place, sans être obligé de venir à sa succession.

De cette règle, qu'il n'est pas nécessaire d'être héritier du représenté, il suit que le représentant n'est pas tenu des faits, ni chargé du paiement des dettes de celui qu'il représente, s'il renonce à sa succession, puisqu'en ce cas il ne tient rien du représenté.

_____

(1) XXXIV du liv. III°.

Néanmoins, suivant l'article CXXXVIII du IIIe liv. du Code, le représentant, soit en ligne directe, soit en ligne collatérale, lors même qu'il a renoncé à la succession du représenté, est obligé au rapport de tout ce que la personne représentée aurait dû rapporter, parce qu'il n'a droit de prendre que la part que le représenté aurait dû avoir.

C'était aussi la disposition de l'article CCCVIII de la coutume de Paris, qui était généralement suivie, ainsi que l'attestent Leprêtre, Coquille, Bourjon et Lebrun.

SECTION III.

Quel est le partage qu'opère la Représentation.

On distingue deux sortes de partages; celui qui s'opère par tête, *in capita,* et celui qui s'opère par souche, *in stirpes.*

Le partage par tête est celui où la succession se divise en autant de portions qu'il y a de têtes d'héritiers appelées à succéder, de manière que chaque héritier prend une part égale dans la succession.

Le partage par *souche* est celui où tous les héritiers d'une branche, qui viennent par représentation de l'auteur de cette branche, ne prennent ensemble que la portion de celui qu'ils représentent, de manière que les héritiers de l'autre branche prennent une portion égale, sans avoir égard au nombre de personnes dont chaque branche est composée.

Si une même souche avait produit plusieurs branches, la portion échue à la première souche se diviserait encore par souche dans chaque branche. (1)

_____

(1) Art. XXXIII du liv. IIIe.

Mais, en définitif, les membres de la même branche partagent entr'eux, non plus par souches, mais par têtes parce qu'entr'eux ils ont des droits égaux. (1)

Le partage par têtes a lieu, lorsque tous les héritiers sont aux mêmes degrés, et viennent de leur chef à la succession : chacun alors, ayant des droits égaux, doit avoir une égale portion.

Le partage se fait par souche, lorsqu'un seul ou plusieurs des cohéritiers viennent par représentation, tous les héritiers qui succèdent par la voie de la représentation ne pouvant avoir conjointement que la portion de celui qu'ils représentent.

Le partage a donc lieu par souche, dans tous les cas où la représentation est admise, et dans toutes les successions où tous les héritiers ne viennent pas de leur chef. (2)

Telles sont les dispositions du Code Civil.

EXEMPLE.

GILBERT
de cujus

JEAN.   PIERRE.

MATHIEU.   ANTOINE.   GEORGE.

JACQUES.   BARTHÉLEMI.

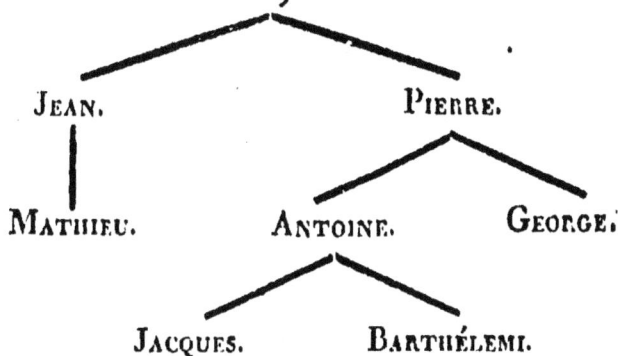

(1) Art. XXXIII du liv. IIIe.
(2) Art. XXXIII du liv. IIIe.

Jean et Pierre partagent par têtes la succession de Gilbert, leur père, parce qu'ils viennent de leur chef.

Si Pierre était mort avant Gilbert, le partage s'opérerait par souche, attendu qu'Antoine et George venant, par représentation de leur père, à la succession de Gilbert, leur aïeul, n'auraient droit conjointement qu'à la portion qu'il aurait eue lui-même; ils n'auraient donc ensemble que la moitié, au lieu qu'ils auraient eu les deux tiers, en concourant avec Jean, leur oncle, si le partage avait eu lieu par têtes.

Si Pierre et Antoine étaient décédés avant Gilbert, la succession de celui-ci se partagerait d'abord par souche entre la branche de Jean et la branche de Pierre, Jean aurait à lui seul la moitié; tous les descendans de Pierre, qui sont George, Jacques et Barthélemi, n'auraient donc ensemble que l'autre moitié. Cette moitié se subdiviserait encore par souche entre la branche d'Antoine et la branche de George; et, comme la branche d'Antoine est composée de deux personnes, Jacques et Barthélemi, ils n'auraient ensemble que la moitié de la portion affectée à la branche de Pierre, ce qui ferait le quart de la totalité qu'ils partageraient entre eux par égalité, parce qu'ils sont l'un et l'autre de la même branche; et l'autre quart appartiendrait à George, comme représentant, pour moitié, Pierre son père.

Ainsi, dans la succession de Gilbert, Jean aurait la moitié, George le quart, et Jacques et Barthélemi auraient chacun la huitième portion.

Il semblerait que des descendans en ligne directe, lorsqu'ils se trouvent tous à degrés égaux, n'auraient pas besoin de la représentation pour succéder à leur auteur commun, et qu'ils devraient tous venir de leur chef, et conséquemment partager par têtes.

Mais s'ils partageaient par têtes, et non par souches,

il en résulterait que l'égalité ne serait plus conservée entre les branches, puisque, dans l'exemple ci-dessus, Antoine et George, venant en concours avec Mathieu, auraient les deux tiers dans la succession, quoique leur père n'eût pris que la moitié, s'il eût survécu, et que Mathieu n'aurait que le tiers, quoique son père, s'il eût vécu, eût pris à lui seul la moitié.

Gilbert n'ayant laissé que deux enfans, Pierre et Jean, il est juste que la moitié de sa succession appartienne à Jean et à ses descendans, et que Pierre et ses descendans n'aient que l'autre moitié. Quel que soit le nombre des descendans dans une branche, comme ils ne viennent tous que comme représentant l'auteur de cette branche, ils ne doivent pas avoir conjointement plus qu'il aurait eu lui-même.

Le Code Civil a une disposition précise à cet égard: il porte, art. XXX du 3e liv., qu'en ligne directe descendante, la représentation est admise dans tous les cas, soit que les enfans du défunt concourent avec les descendans d'un enfant prédécédé, soit que, *tous les enfans du défunt étant morts avant lui, les descendans desdits enfans se trouvent entre eux en degrés égaux ou inégaux.*

C'est aussi la disposition du droit romain. *Nepotes ex diversis filiis varii numeri avo succedentes ab intestato, non pro virilibus portionibus, sed ex stirpibus succedunt, l.* 2, *C. de suis et legit. Nov.* 18, *C.* 1.

Mais le droit romain avait une disposition différente à l'égard des neveux de plusieurs branches, appelés au partage de la succession de leur oncle. La loi §. 2, *ff. de suis et legit. hæred.,* voulait que les enfans de plusieurs frères ou sœurs succédassent par têtes, suivant leur nombre, et non par souches.

Hæc hæreditas proximo agnato, id est ei quem nemo antecedit, defertur, et si plures sint ejusdem gradûs, omnibus in capita scilicet: ut putà, duos fratres habui, vel duos patruos: unus ex his unum filium, alius duo reliquit. Hæreditas mea in tres partes dividitur.

Cependant la Novelle 127 ayant donné aux enfans des frères du défunt le droit de représentation, il y avait eu division entre les commentateurs sur la question de savoir si le droit de représentation, qui mettait les neveux, à la place de leurs pères, ne devait pas opérer le partage par souches de la succession de leur oncle.

L'avis d'Accurse, de Dumoulin et du président Favre, était pour l'affirmative.

L'opinion contraire, soutenue par Azon, l'avait été par le plus grand nombre des jurisconsultes, notamment par Domat, Lebrun et Pothier : elle avait aussi été adoptée par plusieurs coutumes, notamment par celles de Paris et d'Orléans: la jurisprudence de presque tous les tribunaux y était conforme, et il y eut même, à cet égard, un arrêt en forme de réglement du parlement de Paris du 3 décembre 1556.

Il étoit donc généralement reçu que les neveux venaient par têtes à la succession de leur oncle, lorsque leurs pères étaient prédécédés.

Les rédacteurs du Code Civil ont préféré l'opinion d'Accurse, c'est-à-dire, le partage par souches.

Il est dit, à l'article XXXII du 3e livre du Code, qu'en ligne collatérale la représentation est admise en faveur des enfans et descendans des frères ou sœurs du défunt, soit qu'ils viennent à sa succession concurremment avec des oncles et tantes, soit que, *tous les*

frères et sœurs du défunt étant prédécédés, la
succession se trouve dévolue à leurs descendans
en degrés égaux ou inégaux.

Cette dernière partie de l'article comprend les neveux qui viennent à la succession de leur oncle, lorsque leurs pères sont prédécédés, et l'art. XXXIII dit
expressément que, *dans tous les cas* où la représentation est admise, le partage s'opère par souches.

. Il est juste, en effet, que les descendans d'un frère
n'aient pas plus que les descendans d'un autre frère,
dans la succession de leur oncle commun; et puisqu'on
avait généralement admis, dans l'ancienne jurisprudence,
que les descendans d'un fils n'avaient pas plus que
les descendans d'un autre fils, dans la succession de
leur aïeul commun, il était contradictoire de ne pas
appliquer la même règle aux descendans des frères. A
l'égard des uns, comme à l'égard des autres, l'équité
veut également qu'ils n'aient que la même portion
'qu'auraient eue leurs pères, et il n'y a pas de raison
pour que les neveux soient plus favorisés que les descendans.

On avait encore agité la question de savoir si, lorsqu'un père laissait plusieurs fils, et de chacun d'eux des
petits-fils, et que les fils renonçaient, les petits-fils devaient partager par têtes la succession de leur aïeul.

Lebrun et Pothier soutenaient que le partage devait avoir lieu par souches.

Mais leur opinion est formellement contraire à la
règle que nous avons déjà établie, et qui est admise par
eux-mêmes, suivant laquelle on ne peut représenter un
héritier qui a renoncé, parce qu'on ne peut jamais représenter un homme vivant.

Et, en effet, si les petits - fils ne peuvent, dans la
succession de leur aïeul, représenter leurs pères qui

ont renoncé à cette succession, ils ne peuvent donc y.
venir eux·mêmes que *de leur chef*, et il est indu-
bitable que, dans toute succession où tous les héritiers viennent de leur chef, le partage doit se faire entre
eux par têtes, puisqu'en venant de leur chef, et se
trouvant aux mêmes degrés, ils ont tous des droits
égaux.

Aussi l'art. LXXVII du 3ᵉ livre du Code, après
avoir dit qu'on ne vient jamais par représentation d'un
héritier qui a renoncé, ajoute que, si le renonçant est
seul héritier de son degré, *ou si tous les cohéritiers
renoncent*, les enfans viennent do leur chef, et succèdent par têtes.

Il faut donc regarder comme une règle générale *et
sans exception;* 1° que le partage a lieu par têtes,
lorsque tous les héritiers viennent de leur chef et sans
représentation ; 2° que le partage a lieu par souches,
lorsqu'un seul ou plusieurs des cohéritiers viennent
par représentation, et non de leur chef.

Nous avons développé les principes et les règles des
deux manières de succéder, par proximité de degré
et par représentation ; et, si notre plan se bornait à
présenter l'analyse du Code Civil, il serait inutile
d'examiner le troisième mode de succession, adopté
par les coutumes, puisque le Code Civil l'a entièrement rejeté.

Mais nous avons annoncé un tableau de la législation ancienne et de la législation nouvelle sur les successions *ab intestat;* il faut donc, pour remplir notre
objet, faire connaître aussi quelle était cette troisième
manière de succéder qui, dans les coutumes, affectait
les biens à telle ou telle ligne, ou telle classe de parens, suivant la qualité des personnes, et l'origine
ou la nature des biens.

Il ne peut être d'ailleurs que très-utile d'exposer les motifs qui l'ont fait rejeter, et l'on ne saura bien quels sont les principes auxquels se réduit la législation actuelle qu'en connaissant les principes de la législation ancienne qu'elle n'a pas adoptés.

CHAPITRE III.

Manière de succéder dans les Coutumes par l'affectation des Biens à telle ou telle ligne, branche ou classe d'Héritiers, suivant les qualités des Personnes, et l'origine ou la nature des Biens.

D'après le mode de succéder, qui fait la matière de ce chapitre, ce n'était plus ni la proximité du degré, ni la représentation, qui conféraient seules l'hérédité.

Souvent l'héritier le plus éloigné excluait, sans le bénéfice de la représentation, l'héritier le plus proche.

De deux parens qui étaient à degrés égaux, soit de leur chef, soit par représentation, l'un avait la totalité ou la plus grande partie de la succession, ou la totalité de certaine espèce de biens, et l'autre n'avait rien, ou presque rien.

Cette inégalité établie entre les héritiers, source féconde d'injustices, de débats et de procès, avait deux causes, la distinction de la nature et de l'origine des biens, et la distinction des qualités des personnes : on va les examiner séparément.

SECTION PREMIÈRE.

Distinction de l'origine et de la nature des Biens.

Les coutumes avaient distingué les biens.

6

1° En nobles et en roturiers;

2° En meubles et en immeubles;

3° En propres et en acquêts.

Nous ne nous arrêterons pas sur la distinction des biens en nobles et en roturiers. Elle a cessé avec le régime féodal, qui l'avait établie. Il n'y a plus en France de biens nobles : la noblesse est abolie, tant pour les biens que pour les personnes.

L'art. XI de la loi du 28 mars 1790 statua que toutes les successions, tant directes que collatérales, mobilières ou immobilières, seraient, sans égard à l'ancienne qualité noble des biens et des personnes, partagées entre les héritiers, suivant les lois, statuts et coutumes qui réglaient les partages entre tous les citoyens, abrogeant et détruisant toutes lois et coutumes à ce contraires.

Il n'était pas besoin de renouveler ces dispositions dans le Code Civil.

Nous verrons cependant, par la suite, quelles étaient les conséquences injustes et bizarres de cette distinction des biens.

Les meubles et les immeubles n'étaient pas toujours déférés aux mêmes héritiers : on distinguait en conséquence, dans presque toutes les coutumes, l'héritier mobilier et l'héritier immobilier.

En général, l'héritier le plus proche en degré était l'héritier des meubles, quoiqu'il ne le fût pas toujours des immeubles.

Cependant quelques coutumes, notamment celles de Bourbonnais et d'Auvergne, donnaient moitié des meubles aux héritiers paternels, et l'autre moitié aux héritiers maternels.

Presque toutes appelaient les ascendans seuls, et sans le concours des frères et des sœurs, à la succession des meubles qu'ils partageaient entre eux par têtes : quelques-unes admettaient le concours des frères et des sœurs, et même de leurs descendans.

Dans le comté de Vaudemont, le père et la mère n'avaient aucun droit aux meubles; la coutume d'Anjou ne déférait, au contraire, la succession des meubles qu'au père et à la mère.

Il existait, en outre, beaucoup de difficultés diversement résolues par les coutumes, sur ce qui constituait la nature de meuble.

Dans le nombre des meubles, il y en avait qui ne l'étaient que par fiction, d'autres qui étaient immeubles en certains cas, et d'autres encore qui étaient meubles dans une coutume, et immeubles dans une autre.

Toutes ces variations étaient la matière de nombreux procès.

Le Code Civil en a tari la source, en confondant dans la succession les meubles et les immeubles. Comme le droit écrit, il n'en forme qu'un seul patrimoine, et les défère aux mêmes héritiers.

Les législateurs les plus célèbres de l'antiquité ne distinguèrent pas non plus, dans les successions, ce qui provenait des parens paternels du défunt, d'avec ce qui provenait de ses parens maternels : ils ne faisaient aussi du tout qu'un seul patrimoine, qu'ils donnaient pareillement au parent le plus proche du défunt.

Les romains le pratiquèrent ainsi tant qu'ils furent libres : *quod videlicet unius duo patrimonia esse non viderentur*, dit la loi, *juris peritos, ff. cum oriundus*, §. *de excusat. tut.*

Ce ne fut que sous les empereurs que la loi 4 *de*

maternis bonis et materni generis, au code Théo-
dosien, établit une législation contraire.

Elle donna aux parens paternels, même à l'exclusion d'autres parens plus proches en degré, les
biens que le défunt avait recueillis du chef de son père,
ou de ses autres parens paternels, et il en fut de même
à l'égard des biens maternels.

Mais, il est vraisemblable que cette loi, contraire
aux mœurs et aux habitudes des Romains, ne fut pas
long-temps en usage : on n'en trouve pas la moindre
trace dans le code de Justinien, et, d'après les dispositions de ce code, on ne reconnaissait d'autre règle,
dans nos pays de droit écrit, que d'attribuer la totalité
des biens au parent le plus proche, sans distinguer ceux
qui étaient provenus du chef paternel, d'avec ceux qui
provenaient du chef maternel.

La règle *paterna paternis*, *materna maternis*,
formait, au contraire, le droit commun des pays coutumiers : elle n'avait été rejetée que par un très-petit
nombre de coutumes.

Le droit écrit confondait aussi dans la succession
les biens que le défunt avait eus de sa famille, et ceux
qu'il avait acquis.

Le droit coutumier distinguait ces deux espèces
de biens et ne les attribuait pas toujours aux mêmes
héritiers.

On appelait *acquêt*, le bien immeuble dont une
personne était devenu propriétaire par acquisition,
échange, donation, et à tout autre titre que par succession.

On appelait *propre*, tout bien immeuble ou réputé
tel, qui avait été transmis par succession, ou par toute
autre voie imitant la succession.

Les propres se divisaient d'abord :

En propres *réels*, qui étaient les immeubles corporels ;

En propres *fictifs*, qui n'étaient pas réellement immeubles, mais étaient considérés comme tels ;

Et en propres *conventionnels*, qui étaient des choses mobilières, auxquelles on attribuait la qualité de propres, par une convention particulière.

Les propres se divisaient encore :

1° En propres naissans et en propres anciens ;

2° En propres paternels et en propres maternels ;

5° En propres de ligne et en propres sans ligne.

Les propres naissans étaient les immeubles qu'on tenait immédiatement d'un parent qui les possédait comme acquêts.

Les propres anciens étaient ceux qui avaient été transmis par un parent qui les possédait déjà lui-même comme propres.

Les propres paternels étaient ceux qu'on avait recueillis dans la succession d'un parent du côté paternel, et les propres maternels étaient ceux qu'on avait recueillis dans la succession d'un parent du côté maternel.

Les propres de ligne étaient ceux qui étaient affectés aux parens d'un seul côté.

Les propres sans ligne étaient des propres naissans, qui venaient de la succession d'une personne qui était parente tant du côté du père que du côté de la mère.

Il y avait en outre, dans chaque coutume, des règles très-différentes, et sur les choses qui étaient susceptibles de la qualité de propres, et sur ce qui constituoit les propres, et sur ce qui les distinguait d'avec les acquêts, et sur la succession aux uns et aux autres, et sur la manière dont devaient se régler les rapports et les paiemens des dettes entre les héritiers des diverses espèces de biens.

Dans quelques coutumes, les acquêts appartenaient aux ascendans, à l'exclusion des frères et sœurs.

D'autres les attribuaient aux collatéraux, à l'exclusion des ascendans.

D'autres encore les divisaient entre les ascendans et les frères et sœurs.

Ailleurs, les acquêts se partageaient entre les héritiers paternels et les héritiers maternels.

Mais, dans le plus grand nombre des coutumes, ils appartenaient aux parens les plus proches.

Il y avait encore plus de variations pour la succession aux propres.

Ici, pour succéder à un propre, il fallait être parent du défunt du côté de celui qui avait mis l'héritage dans la famille; et, lorsqu'on avait cette qualité, on excluait les parens des autres côtés, quoique plus proches.

Là, on ne pouvait succéder à un propre qu'autant qu'il avait appartenu à un ascendant commun entre le défunt et son héritier; en sorte qu'à défaut de parens venant de la même souche que celui auquel il s'agissait de succéder, le propre perdait sa qualité, et appartenait à l'héritier le plus proche, et sans distinction de ligne.

Ailleurs, pour succéder à un propre, il ne suffisait pas d'être parent du côté dont provenait le propre, ni même de descendre d'une même souche, il fallait être descendu, comme le défunt, de l'acquéreur qui avait mis l'héritage dans la famille.

Dans d'autres coutumes, on n'exigeait pas la proximité du degré du représentant avec le défunt, ni même l'habileté de succéder, mais seulement la proximité et habileté de succéder de la personne représentée avec celui qui avait mis l'héritage dans la famille.

Dans d'autres enfin, l'héritage propre qui se trouvait dans la succession d'une personne décédée sans enfans, était déféré à son plus prochain héritier du côté du parent par le décès duquel cet héritage lui était échu, sans remonter plus haut, ni chercher plus loin de quelle part ce parent l'avait eu lui-même.

Et dans chacune de ces coutumes, il y avait encore une foule de règles différentes pour l'application des mêmes principes : il y avait chaque jour et diversité de jurisprudence, et questions nouvelles, qui donnaient lieu à des débats interminables. Il était rare qu'une succession, tant soit peu importante, ne fût pas une pépinière de procès qui dévoraient, le plus souvent, en recherches de titres, en tableaux de généalogies, en frais et en contestations de tous genres, la portion de chaque héritier.

Pour simplifier la législation sur une matière si importante, il fallait donc abolir toutes ces distinctions épineuses et subtiles, qui portaient continuellement le trouble dans les familles et dans la société, et qui, d'ailleurs, rendaient presque nul le bénéfice des successions, en appelant, pour chaque espèce de biens, des héritiers différens.

Un autre motif puissant devait encore en déterminer l'abolition.

C'était pour conserver les biens dans les familles qu'on avait imaginé de les affecter aux parens de l'estoc et ligne dont ils provenaient ; mais cette affectation exclusive que prononçait la loi, contrariait presque toujours les affections et la volonté du défunt. L'homme qui avait des biens propres voyait avec peine qu'ils passeraient, après sa mort, non pas à ses parens les plus proches, qu'il affectionnait le plus, mais à des parens très-éloignés, que souvent il ne connaissait pas, ou qui avaient eu de mauvais procédés à son égard. La nature ou l'origine de ses biens, ne pouvait balancer dans son cœur le desir que sa succession toute entière appartînt à ses héritiers les plus proches. Il ne consultait que son affection personnelle, et regardant comme une atteinte à sa propriété, comme un outrage fait à sa volonté, comme une opposition directe à ses sentimens, les coutumes qui ne lui permettaient pas, même en ligne collatérale, la libre disposition de ses propres, ou qui ne la permettaient que dans certains cas, et en faveur de certaines personnes, et qui généralement réglaient la transmissision de ces biens d'une manière contraire à ses intentions, il cherchait à éluder la loi, ou en dénaturant ses fonds, ou par des donations déguisées, ou par des fidéicommis ; et c'était encore la matière de nouveaux procès qui étaient multipliés à l'infini.

Tels sont les inconvéniens attachés à une loi sur les successions, qui, suivant les expressions de Lebrun, n'étant pas dressée selon le vœu de la nature et l'inclination la plus générale, ne destine pas à l'homme pour héritiers ceux qui auraient été le sujet de son propre choix. On en supporte impatiemment le joug, et l'on cherche à s'y soustraire par tous les moyens.

Il était d'ailleurs bien bizarre que, suivant que les biens étaient situés dans les pays de droit écrit, ou dans les pays coutumiers, ces biens appartinssent à tel ordre de parens plutôt qu'à tel autre ; que le parent le plus proche appelé à la succession dans les pays de droit écrit, en fût exclu dans les pays coutumiers, parce qu'il n'était pas de côté et ligne, et que tel autre parent moins proche, mais le premier du côté et ligne, appelé en cette qualité dans les pays coutumiers à recueillir la totalité de la succession, ne pût recueillir aucuns des biens situés dans les pays de droit écrit ; de sorte qu'il y avait, *dans la même hérédité,* deux successions différentes, réglées par des principes absolument contraires, et que le même homme avait des héritiers de diverses classes, non par sa volonté, mais le plus souvent contre sa volonté, et uniquement parce que tous ses biens n'étaient pas situés dans la même province.

Pour faire cesser cette bigarrure, et établir un système uniforme, il fallait choisir entre la règle du droit écrit et celle des coutumes ; et la première étant tout à la fois la plus simple, la plus juste, la plus conforme au vœu de la nature et à l'ordre des affections humaines, méritait, sous tous les rapports, la préférence que lui ont accordée les rédacteurs du Code Civil.

Ainsi l'on n'aura plus d'égard, dans le partage des successions, ni à la nature, ni à l'origine des biens, pour les attribuer exclusivement à un héritier plutôt qu'à un autre : (1) on n'aura plus à rechercher ni comment étaient venus au défunt les biens qu'il possédait, ni quelle était leur qualité, ni de quel côté ils lui étaient arrivés, ni quels étaient les divers héritiers qui devaient succéder à chaque espèce de biens. Meubles ou immeubles, propres ou acquêts, tous les biens du défunt seront confondus dans sa succession, et l'on n'en formera plus qu'une masse commune, qui appartiendra aux mêmes héritiers, sans aucune distinction.

L'opération du partage sera donc infiniment simple et facile.

_____

(1) Art. XXII du liv. IIIe.

Cependant nous avons déjà fait observer que le Code Civil a emprunté de l'esprit des coutumes la division des biens entre les deux lignes, et qu'à la différence du droit romain, qui n'appelait héritier pour le tout que le plus proche parent, de quelque ligne qu'il fût, le Code Civil divise la succession par moitié entre la ligne paternelle et la ligne maternelle, lorsqu'il n'y a pas d'enfans ou descendans du défunt, et accorde chaque moitié à l'héritier ou aux héritiers les plus proches dans chaque ligne.

Mais nous avons dit aussi que cette division s'opère sans aucune distinction de biens, qu'on ne donne pas à la ligne paternelle les biens provenus du côté paternel, ni à la ligne maternelle les biens provenus du côté maternel, et que c'est la succession en masse, composée de tous les biens indistinctement, qui se partage par moitié entre le plus proche parent de la ligne paternelle et le plus proche parent de la ligne maternelle, sans qu'aucun d'eux ait droit à une espèce de biens plutôt qu'à l'autre. (1)

La division entre la ligne paternelle et la ligne maternelle ne donnera donc lieu à aucunes recherches, ni sur la nature, ni sur l'origine des biens : il ne s'agira que de rechercher dans chaque ligne le parent le plus proche.

SECTION II.

De la distinction des Personnes.

Les règles de succession que les coutumes avaient adoptées à raison des diverses qualités des personnes, étaient encore plus arbitraires et plus injustes que celles relatives à la distinction des biens : elles avaient établi

(1) Art. XXIII du liv. III.

entre des héritiers à degrés égaux, et même entre les enfans du même père, des inégalités choquantes qui portaient continuellement le trouble et la division dans les familles.

En examinant la distinction qu'elles faisaient entre les mâles et les filles, entre les aînés et puînés, on serait tenté de croire qu'elles ne regardaient pas les filles comme des enfans légitimes, et qu'elles doutaient de la légitimité des puînés.

La presque totalité des successions appartenait aux mâles. La moindre dot, un simple chapeau de roses, composait la légitime des filles; et parmi les mâles, les aînés emportaient presque tout. Les puînés étaient traités, à peu près, comme les filles.

Ainsi, les aînés étaient comblés de richesses, et les puînés et les filles, presque entièrement déshérités, n'avaient, le plus souvent, d'autre ressource que de s'ensevelir dans les cloîtres, où ils gémissaient pendant leur vie entière, victimes de la barbarie des lois et de la dureté de leurs parens.

Telle fut la cause de ces guerres toujours existantes entre les aînés et les cadets, de ces jalousies que la différence des positions aigrissait sans cesse, de ces haines profondes et invétérées qui avaient rompu tous les liens de la parenté, qui ont produit tant de crimes, et qui se sont développées de nos jours avec tant de force.

Mais il fallait soutenir l'éclat des familles, il fallait soutenir l'honneur d'un grand nom; et comme alors l'éclat et l'honneur résidaient dans les richesses et la puissance, et non dans les vertus et les talens, on sacrifiait sans pitié à de vaines chimères le bonheur de ses enfans, et pourvu que l'un d'eux pût jouer un rôle brillant dans le monde, on voyait, avec une froide indifférence, la situation déplorable de tous les autres.

Chez les Romains, les droits d'aînesse et de masculinité, ainsi que l'exclusion des filles, n'étaient pas connus, *ff. emancip.* 9, *infr. de hæred. quæ ab in-
test. defer.*

Cependant la loi des douze tables avait attribué les
successions des pères aux enfans qui étaient sous leur
puissance, à l'exclusion des enfans émancipés, et aux
parens du côté des mâles, à l'exclusion des parens du
côté des femmes : elle excluait aussi les enfans de la
succession de leur mère, parce qu'elle n'en avait aucuns
sous sa puissance.

Mais l'empereur Justinien effaça ces distinctions dans
la succession des pères, par la Novelle 118, et restitua à
tous les enfans des droits égaux, sans distinction de sexe
ni de primogéniture. *Si quis igitur descendentium
fuerit ei qui intestatus moritur cujuslibet na-
turæ, aut gradus, sive ex masculorum genere,
sive ex fæminarum descendens, et sive suæ po-
testatis, sive sub potestate sit, omnibus ascen-
dentibus, et ex latere cognatis, præponatur.*
Nov. 118, c. 1.

Les sénatus-consultes Orphitien et Tertyllien, et la
loi *si defunctus* 9, *ff. de suis et leg. lib.* appe-
lèrent aussi tous les enfans indistinctement à la succession de leur mère : ainsi, d'après le dernier état de la
législation romaine, qui était constamment suivie dans
les pays de droit écrit, tous les enfans étaient égale-
m nt héritiers de leurs père et mère.

Ce fut le régime féodal qui introduisit en France une
législation contraire, et l'on sait qu'elle ne remonte pas
à une date ancienne.

Sous les deux premières races de nos rois, l'aîné par-
tageait également avec ses frères et sœurs dans les possessions féodales, comme dans les autres biens. On en

trouve la preuve dans cette loi d'Édouard le confes-
seur : *Si quis intestatus òbierit, liberi ejus succedunt in capita.*

Mais lorsque la révolution eut porté les Capétiens
sur le trône , les propriétaires des grands fiefs s'étant
réunis pour secouer le joug de l'autorité royale, et bientôt, à leur exemple, tous les seigneurs voulant acquérir
de nouvelles prérogatives, le droit d'aînesse fut établi ,
afin de réunir dans une même main toute la puissance
du père, et des moyens assez forts pour soutenir ses
prétentions.

L'usage s'établit donc d'abord de donner toutes les
possessions féodales à l'aîné mâle. Cet ancien droit est
consigné dans l'assise de Geoffroy, comte de Bretagne,
de l'an 1185, *majores natu integrum dominium ob-
tineant, et junioribus, pro posse suo, provideant
de necessariis , ut honestè viverent.*

A l'imitation des grands, les roturiers voulurent
aussi faire des avantages considérables aux aînés, dans
l'espoir de relever leurs familles, et le droit d'aînesse fut
établi pour les biens en roture, comme il l'avait été
pour les fiefs.

Les priviléges de la masculinité, et l'exclusion des
filles, eurent la même origine et les mêmes motifs.

Mais, comme ce qui est injuste et contraire à l'ordre
de la nature devient toujours arbitraire, les coutumes
varièrent à l'infini sur cette matière.

Les unes n'admettaient le droit d'aînesse qu'en ligne
directe; les autres l'admettaient en ligne collatérale.

Les unes ne l'admettaient que dans la succession du
père, ou dans celle de la mère seulement; les autres
l'attribuaient également dans les deux successions.

Les unes n'accordaient qu'un préciput ; les autres

accordaient, en outre, une portion avantageuse; quelques-unes même ne reconnaissaient pour seul héritier que l'aîné, ne réservant aux puînés qu'une faible portion qui ne leur était même souvent accordée qu'en *usufruit* pour leur vie, et *à titre de bienfait*.

Les unes donnaient le préciput à la fille, si elle était l'aînée des enfans; les autres l'attribuaient aux mâles, quoique puînés.

Les unes distinguaient, dans le partage des successions, la qualité des biens, et n'accordaient le droit d'aînesse que dans ceux possédés noblement; les autres l'accordaient également dans les biens nobles et dans les biens en roture.

Les unes distinguaient la qualité des personnes, et n'accordaient qu'aux nobles le droit d'aînesse; les autres l'accordaient aussi aux roturiers, et au nombre de ces dernières se trouvait la coutume de Paris, qui formait le droit commun dans toutes celles qui n'avaient pas de dispositions contraires.

Elles variaient également sur les prérogatives de la masculinité.

Suivant la coutume de Paris et une infinité d'autres, les filles n'héritaient pas en pareil degré avec les mâles, en succession de fiefs en ligne collatérale; c'était le droit commun : il n'y avait d'exception que dans un très-petit nombre de coutumes.

Quant aux rotures, ici le frère en prenait une part double de celle de sa sœur, dans la succession du frère décédé.

Là, c'était l'aîné mâle qui succédait universellement aux rotures.

Dans la coutume de Normandie, en succession de propres, tant qu'il y avait mâles ou descendans de mâles, les filles ou descendans des filles ne pouvaient succéder, soit en ligne directe, soit en ligne collatérale, et ce privilége avait lieu dans le cas même où le chef de la ligne était une fille. Quant aux meubles et aux acquêts, les frères excluaient les sœurs, et les descendans des frères excluaient les descendans des sœurs étant en pareil degré.

Mais la plus grande prérogative de la masculinité résultait de ce que les filles qui étaient dotées en se mariant, se trouvaient exclues des successions, quand même elles n'y auraient pas renoncé, et les coutumes différaient encore beaucoup entre elles sur cette matière.

Dans les unes, il suffisait, pour que la fille fût exclue, qu'elle eût été dotée, ou par son père, ou par sa mère, ou par son aïeul ou aïeule : dans d'autres, il était nécessaire qu'elle fût dotée par le père : d'autres encore exigeaient qu'elle fût dotée par le père et par la mère, ou par le père, du vivant de la mère.

Ici, le père noble avait seul le droit d'exclure sa fille : là, le même droit appartenait au père roturier, à la mère et aux aïeux.

Telle coutume excluait de toutes successions directes et collatérales les filles dotées, telle autre les admettait aux successions collatérales.

Dans presque toutes, la dot la plus modique suffisait pour exclure.

Suivant les coutumes d'Anjou, de la Touraine et du Maine, la fille dotée d'un chapeau de roses ne pouvait rien demander de plus.

Dans la coutume de Normandie, la fille était même exclue, quoiqu'elle n'eût rien reçu en se mariant ; *et*

*si rien ne lui fut promis lors de son mariage,
rien n'aura*, dit l'art. CCL.

On avait encore imaginé un autre moyen qui produisait le même effet que les exclusions coutumières;
c'était de faire renoncer les filles, par leurs contrats de
mariage, aux successions non encore échues, et ces
renonciations sans lesquelles on ne permettait guère
aux filles de se marier, avaient toujours pour objet
de conserver aux mâles, et sur-tout à l'aîné, une grande
fortune, pour soutenir l'éclat et le nom de la famille:
elles avaient évidemment la même tache d'injustice et
de féodalité que les exclusions coutumières: elles
blessaient également les droits de la nature et de
l'égalité.

Cependant la jurisprudence les avait admises en droit
commun, même dans les coutumes qui n'en parlaient
pas, et même pour les pays de droit écrit, quoiqu'elles
fussent expressément réprouvées par le droit romain:
elle les avait admises tant pour les successions collatérales, que pour les successions directes, pour toutes
sortes de biens, et en faveur de tous les descendans
des mâles, et sans que la fille renonçante, ni ses enfans
ou autres héritiers pussent, en aucuns cas, demander
un supplément de légitime: il n'y avait d'exceptions
que lorsque la coutume contenait une disposition
précisément contraire.

Il faudrait s'étonner, sans doute, de toutes ces bizar-
reries, de toutes ces inégalités si injustes, si contraires
au vœu de la nature, si l'on ne savait pas sur quels
préjugés elles étaient établies. L'orgueil féodal avait
corrompu toutes les sources de la morale: il avait
étouffé tous les sentimens de la nature, et cet orgueil
se communiquant aux roturiers, qui n'étaient que trop

souvent les serviles imitateurs des grands, avait brisé dans toutes les classes du peuple les liens les plus sacrés des familles.

Ici, d'ailleurs, il faut bien remarquer que la volonté de la loi était souvent en opposition avec la volonté de l'homme. L'enfant mâle, l'aîné des enfans, n'était pas toujours celui que le père affectionnait le plus, et qui remplissait le mieux à son égard les devoirs de la piété filiale; et cependant la loi, malgré la volonté du père, attribuait à l'enfant mâle de grands avantages sur les filles, et à l'aîné des préciputs considérables sur tous les autres enfans.

Dans beaucoup de coutumes, et pour certaines espèces de biens, le père ne pouvait donner la plus forte portion à ceux de ses enfans qui avaient le plus de droits à sa tendresse, ou à sa bienfaisance.

Il ne pouvait disposer d'aucune partie de ses fiefs en faveur de ses enfans puînés, ni même stipuler qu'un fief qu'il achetait serait partagé comme roture.

Il ne pouvait même, renonçant à toute espèce de dispositions, assurer à tous ses enfans, qu'il aimait également, des portions égales dans sa succession.

Les droits d'aînesse et les privilèges de la masculinité étaient au dessus de l'autorité paternelle.

La loi s'était mise en opposition avec les sentimens de la nature; aussi, presque toujours, elle était éludée.

L'assemblée constituante fit cesser toutes ces inégalités odieuses qui n'étaient établies que par la volonté arbitraire de la loi.

Le 15 mars 1790, elle prononça l'abolition de toutes celles qui résultaient de la féodalité des biens, et le 15 avril 1791, elle abolit toutes celles qui résultaient,

entre toutes sortes de personnes, et à l'égard de toutes sortes de biens, soit de la différence des sexes, soit de la primogéniture, soit des exclusions coutumières.

Mais la convention nationale alla beaucoup plus loin : elle adopta le principe absolu de l'égalité dans le partage de toutes les successions soit directes, soit collatérales; et, ne voulant pas qu'il y fût porté la moindre atteinte, elle prohiba toute espèce de donations en faveur des successibles.

Ce système, comme celui de coutumes, mettait la volonté de la loi à la place de la volonté de l'homme, et faisait également violence aux affections les plus naturelles et les plus légitimes.

Sous l'empire des coutumes, la loi disposait d'une grande portion des biens, sans le concours de la volonté de l'homme, et lui laissait le droit de disposer presque entièrement du reste.

Sous l'empire de la législation adoptée le 17 nivose an 2, la loi ne disposait de rien en faveur d'aucun des héritiers, mais elle interdisait aussi toute espèce de donations en leur faveur.

Ainsi, les coutumes établissaient, dans le partage des successions, les inégalités les plus considérables et les plus injustes; et la loi du 17 nivose commandait une égalité absolue qui n'était ni moins injuste, ni moins contraire à la morale publique.

Le Code Civil a évité les deux excès : il a bien consacré en principe l'égalité; mais il n'en a pas fait une loi impérative.

L'homme aura la faculté de disposer de ses biens, même en faveur de l'un ou de plusieurs de ses héritiers.

Mais il ne pourra disposer que d'une portion déterminée, lorsqu'il aura des parens successibles en ligne directe.

Les enfans et descendans ne seront plus réduits aux dots les plus modiques ; une légitime considérable leur est assurée. (1)

Une portion de biens est aussi réservée aux ascendans. (2)

On ne pourra disposer de la totalité de ses biens, que lorsqu'on n'aura de parens qu'en ligne collatérale. (3)

La loi seule ne dispose plus de rien : elle laisse tout à la volonté de l'homme, et seulement elle en restreint l'exercice dans de justes limites, en faveur des descendans et des ascendans.

Le droit de faire des libéralités ne pouvait appartenir à la loi, qui ne *donne* pas les biens des successions, mais ne remplit d'autre office que de les *transmettre*, et ne doit suivre d'autre règle, dans cette transmission, que la volonté écrite ou présumée du défunt, ou l'ordre de la nature.

Lorsque le défunt n'a fait aucune disposition de ses biens, il est censé avoir voulu qu'ils fussent partagés également entre ses héritiers : lorsqu'il n'a disposé que d'une partie, il est censé avoir voulu laisser le reste dans un partage égal, et, dans l'un, comme dans l'autre cas, sa volonté doit être respectée par la loi.

C'est ainsi qu'il faut entendre et concilier l'égalité dans les partages, consacrée par le titre du Code Civil sur les successions, et les inégalités qui sont autorisées par le titre sur les donations et testamens.

(1) Art. CCIII du liv. IIIᵉ.
(2) Art. CCV du liv. IIIᵉ.
(3) Art. CCVI du liv. IIIᵉ.

Il y avait encore, dans quelques coutumes, une autre distinction relative aux personnes, et qui établissait une nouvelle inégalité de droits entre les enfans du même père. Ces coutumes étaient celles qui distinguaient entre les enfans issus de divers mariages, et faisaient dépendre leurs droits successifs du mariage dont ils étaient nés.

Les unes donnaient aux enfans du premier lit ce qui avait été acquis pendant le premier mariage, et aux enfans du second lit, ce qui avait été acquis pendant le second.

Les autres donnaient, en outre, tous les propres aux enfans du premier lit.

D'autres encore attribuaient aux enfans du premier lit les propres tenus en fief, et aux enfans du second lit les conquêts tenus au même titre.

Dans la coutume de Lorraine, cette distinction s'appelait *lits à part et lits brisés.*

Il y avait même, dans quelques autres coutumes, telles que celles de Liége, du Hainaut, de la cité d'Arras et de Namur, un droit qu'on appelait *dévolution,* d'après lequel, lorsque l'un des époux était décédé, et qu'il y avait des enfans, les biens du survivant étaient affectés de manière qu'il ne pouvait en disposer, et qu'il était obligé de les conserver aux enfans issus de ce mariage, à l'exclusion de ceux qu'il pourrait avoir des autres mariages qu'il contracterait par la suite.

Ce droit de dévolution était aussi admis dans quelques villes d'Alsace, telles que Colmar et Landau, et le survivant avait l'usufruit de tous les biens, avec faculté seulement de les aliéner, en cas d'indigence, et d'après l'autorisation du magistrat.

Il est évident que toutes ces distinctions blessaient

encore l'égalité. Il est évident que la nature donne à
tous les enfans les mêmes droits, qu'elle les appelle
indistinctement, lorsqu'ils sont issus du même père,
à la succession de tous les biens qu'il a acquis, même
sous divers mariages, et qu'elle réclame le partage
égal de tous ces biens, à quelque époque qu'ils aient
été acquis, et quelle que soit leur origine. C'était la règle
du droit écrit : *Matris intestatae defunctae haereditatem ad omnes ejus liberos pertinere, etiamsi
ex diversis matrimoniis nati fuerint, l. 4, ff.
ad senat. tertyll. et orphit. ex rerum vero con-
sequentia hoc ipsum et in patribus sit secundas
nuptias facientibus. Nov.* 22, *C.* 29. C'était aussi
la règle de presque toutes les coutumes de la France,
et le Code Civil l'a maintenue. (1)

Il ne reste plus aintenant à examiner que le privilège du double l. a, qu. était encore une source féconde d'inégalités injustes, soit en ligne directe, soit
en ligne collatérale.

Le privilége du double lien consistait en ce que des
parens, qui étaient unis tout à la fois du côté du père
et du côté de la mère, avaient le droit de se succéder,
en tout ou en partie, dans de certains degrés, ou même
à l'infini, à l'exclusion des parens qui n'étaient joints
que d'un côté seulement.

Ainsi, les frères utérins ou consanguins du défunt
étaient exclus de sa succession par les frères germains,
et même par les neveux qui étaient de l'un et de
l'autre côté.

Ce privilége n'était point connu dans l'ancien droit
romain, et il ne pouvait y être admis, puisque les parens maternels n'y succédaient pas, et que tous les
droits de succession dérivaient de la parenté paternelle

_____

(1) Art. XXXV du livre IIIe.

et de la proximité du degré, sans aucune représentation en ligne collatérale.

Il n'en fut question ni dans le digeste, ni dans le
Code, et ce ne fut que par la novelle 118 qu'il fut
établi.

Nous n'examinerons pas s'il était déjà connu dans
la France, ou s'il n'y fut introduit que par les lois
romaines.

Mais il ne fut reçu dans nos coutumes qu'avec des
modifications infiniment variées, soit à l'égard des
personnes, soit à l'égard des biens, auxquels il fut
appliqué.

Il est d'abord un grand nombre de coutumes qui
l'ont expressément rejeté, notamment celles de Paris
et de Bordeaux.

D'autres n'en font pas mention, et celles qui l'ont
reçu, se divisent en neuf classes, à raison de leurs différences sur les personnes qu'elles admettent au privilége.

Elles diffèrent aussi beaucoup entre elles, et avec le
droit écrit, quant aux biens, de sorte qu'il y avait dans
les diverses provinces une législation très-variée sur la
prérogative du double lien.

Si le système avait été bon en lui-même, il eût fallu
se borner à l'établir d'une manière uniforme; mais il
est évidemment contraire à la justice et à la raison.

Admettre le privilége du double lien, c'est considérer les enfans d'un même lit, et ceux qui sont nés
de mariages différens, comme étant toujours des personnes issues de différentes lignes, puisqu'on n'admet
à succéder que celles qui sont issues du même lit; mais
il est évident que le frère germain et le frère consanguin sont l'un et l'autre de la ligne paternelle; ils
doivent donc l'un et l'autre succéder également dans

cette ligne, puisqu'ils sont à degrés égaux ; et cependant le frère germain et ses enfans excluaient le frère consanguin, même dans la ligne paternelle ; et il en était de même pour la ligne maternelle.

Est-il donc juste, est-il raisonnable que l'individu qui est parent d'un côté, n'ait pas, au moins, une portion des biens attribués à la ligne par laquelle il tient à celui dont la succession est ouverte, s'il n'y a pas dans cette ligne un autre parent plus proche en degré ?

Que l'individu qui est parent des deux côtés, prenne dans les deux lignes, cela est équitable ; mais lorsque, dans une des lignes, il y a un autre parent *égal en degré*, soit de son chef, soit par représentation, il est évident qu'il a autant de droits aux biens attribués *à cette ligne*, que celui qui est parent des deux côtés, puisque les deux lignes sont absolument étrangères l'une à l'autre pour la division des biens. Donner le tout à l'un, et ne rien donner à l'autre, c'est donc une injustice.

Ainsi, le frère germain doit venir à la succession pour la ligne paternelle et pour la ligne maternelle, parce qu'il tient aux deux lignes : il doit prendre tout ce qui est attribué à la ligne maternelle, s'il n'a qu'un frère consanguin, qui est étranger à cette ligne, ou bien tout ce qui est attribué à la ligne paternelle, s'il n'a qu'un frère utérin, qui est également étranger au côté paternel. Point de difficulté à cet égard ; mais pourquoi donc aurait-il le droit de tout prendre dans la ligne où il se trouve un autre frère ? Issus, l'un comme l'autre, de cette ligne, égaux en degré, n'est-il pas de toute justice qu'ils partagent entre eux également les biens qui sont attribués à cette ligne, à laquelle ils appartiennent au même titre ?

Nos aïeux le pratiquaient ainsi à l'égard des meubles

et acquêts : les frères germains prenaient une part dans chaque ligne, et les demi-frères ne prenaient leur part que dans la ligne dont ils procédaient.

Telle était aussi la disposition de plusieurs coutumes, et notamment de celles d'Anjou et du Maine, qui conservaient beaucoup de traces de notre ancien droit.

Le Code Civil en a fait une règle générale pour toute espèce de biens.

Les parens utérins ou consanguins ne seront donc plus exclus par les germains ; mais ils ne prendront part que dans leur ligne, et les germains prendront part dans les deux lignes.

Ici se termine l'analyse des diverses manières de succéder établies par les coutumes. Nous n'avons pu que les indiquer en masse, et d'une manière très-rapide : il faudrait de longs volumes pour en expliquer toutes les règles particulières.

Le nouveau mode établi par le Code Civil se réduit, au contraire, à un très-petit nombre de règles, qui sont infiniment simples. Déjà nous les avons fait connaître ; mais, comme elles se trouvent éparses dans le cours de cet ouvrage, il ne peut être que très-utile de les réunir ici dans un ordre méthodique.

1° Les successions sont déférées aux enfans et descendans du défunt, et, à leur défaut, à ses ascendans et à ses parens collatéraux, suivant l'ordre qui sera expliqué dans le titre V.

2° La loi ne considère ni la nature ni l'origine des biens, pour en régler la transmission.

3° Les enfans ou leurs descendans succèdent à leurs père et mère, et autres ascendans, sans distinction de sexe ni de primogéniture, et encore qu'ils soient issus de différens mariages.

4° Les ascendans succèdent, à l'exclusion de tous autres, aux choses par eux données à leurs enfans ou descendans décédés sans postérité.

5° Toute autre succession échue à des ascendans, et toute succession échue à des collatéraux, se divisent en deux parts égales, l'une pour les parens de la ligne paternelle, l'autre pour les parens de la ligne maternelle.

Après cette première division entre les lignes, il ne s'en fait pas d'autre entre les diverses branches : la moitié dévolue à chaque ligne appartient à l'héritier, ou aux héritiers qui sont les plus proches en degré, soit de leur chef, soit par représentation, lorsqu'elle a lieu.

6° Les parens utérins ou consanguins ne nt pas exclus par les germains ; mais ils ne prennent part que dans leur ligne : les germains prennent part dans les deux lignes.

  ° La représentation a lieu à l'infini dans la ligne directe descendante : elle n'est pas admise en ligne directe ascendante. Elle est bornée, en ligne collatérale, aux enfans et descendans des frères et sœurs du défunt.

8° On ne représente pas les personnes vivantes, mais seulement celles qui sont mortes naturellement ou civilement.

9° On peut représenter celui à la succession duquel on a renoncé ; mais on ne vient jamais par représentation d'un héritier qui a renoncé.

10° Dans toute succession, soit directe, soit collatérale, lorsque tous les héritiers viennent de leur chef età degrés égaux, le partage se fait entre eux par égales portions et par tête : lorsqu'un seul ou plusieurs cohéritiers viennent par représentation, le partage s'opère par souche : si une même souche a produit plusieurs branches, la subdivision se fait aussi par souche dans chaque branche, et les membres de la même branche partagent entre eux par tête.

11º Les parens au-delà du douzième degré ne succèdent pas.

12º A défaut de parens successibles dans une ligne, les parens de l'autre ligne succèdent pour le tout.

Ces douze règles embrassent tout le nouveau système sur la manière dont les successions *ab intestat* doivent être déférées. Il n'est aucune disposition de la loi qui ne s'y rattache, et n'en soit le corollaire ou la conséquence.

La législation sur cette matière est donc devenue infiniment simple : elle sera, d'ailleurs, la même dans toutes les parties de la France ; et ces deux avantages sont inappréciables.

Pour en compléter la connaissance, il nous reste à faire l'application aux divers ordres de successions, des règles que nous avons établies, c'est-à-dire, à faire connaître l'ordre suivant lequel les enfans et descendans, les ascendans et les parens collatéraux, sont appelés aux successions légitimes.

TITRE V.

Des divers Ordres de Successions.

On distingue trois ordres de successions; celles qui sont déférées aux descendans du défunt, celles qui sont déférées aux ascendans, et celles qui sont déférées aux parens collatéraux.

CHAPITRE PREMIER.

Des Successions déférées aux Descendans.

« Il n'était pas besoin, a dit Lebrun, d'une loi positive pour adjuger aux enfans la succession des pères: la raison naturelle suffisait ; et c'est une loi tacite qui est si bien gravée dans le cœur des hommes, que les autres lois pouvaient s'en reposer sur l'ordre naturel : *Cum ratio naturalis, quasi lex quædam tacita, liberis parentum hæreditatem addiceret*, dit la loi 7 *ff. de Bon. damnat.* Aussi la loi unique C. *de impon. lucrat. descript.* déclare que ce n'est ni le père, ni la loi qui déférent la succession directe, mais qu'elle passe aux enfans comme par un cours naturel. « *Non longientibus etiam dominis ipsâ propinquitatis serie deferuntur.* »

Cependant on a vu que, dans le plus grand nombre de nos coutumes, les successions des pères et mères ne passaient point à tous les enfans, ou qu'elles n'étaient divisées entre eux que d'une manière très-inégale ; comme si les droits de la nature ne devaient pas être les mêmes pour tous les enfans.

Le Code Civil a respecté ces droits, qui doivent être sacrés pour le législateur.

Il appelle tous les enfans et descendans aux successions de leurs père et mère, aïeux et autres ascendans, sans distinguer entre eux ni le sexe, ni la primogéniture, ni les différens mariages dont ils sont issus. (1)

Il attribue à tous ceux qui viennent de leur chef, des portions égales, et à ceux qui viennent par représentation, tout ce qui aurait appartenu aux descendans plus proches qu'ils représentent.

L'égalité de droits entre tous les enfans et descendans est donc dans le vœu du Code Civil, comme elle est dans le vœu de la nature; et toutes les fois que les successions seront réglées par la loi seule, il y aura partage égal.

Mais on a déjà vu que le Code Civil accorde aux ascendans le pouvoir de faire des libéralités en faveur d'un ou plusieurs de leurs descendans, et que seulement il fixe la portion dont ils peuvent disposer, pour que les filles et les puînés ne soient pas encore, comme sous l'empire des coutumes, exclus des successions ou réduits à la dot la plus modique.

Les dispositions faites par les ascendans seront donc exécutées dans tout ce qui n'excèdera pas cette portion.

Hors cette exception, l'égalité reprendra tous ses droits : la loi seule n'y porte plus aucune atteinte.

L'authentique *prætereà*, tirée de la novelle 117, chap. 5, donnait à la mère, lorsqu'elle survivait à son mari, et qu'elle était dans la nécessité, la quatrième partie des biens du défunt, s'il n'y avait que trois

(1) Art. CLXXXIII du liv. Ier.

enfans ou moins, ou sa part afférente, s'il y avait un plus grand nombre d'enfans.

Cette disposition était suivie dans les pays de droit écrit, et il y en avait une à peu-près semblable dans l'art. CCC de la coutume d'Anjou.

On ne la retrouve pas dans le Code Civil; mais il y a suppléé, tant à l'égard des pères qu'à l'égard des mères : 1° en autorisant les pères et mères à se faire respectivement des donations, soit en propriété, soit en usufruit; (1) 2° en obligeant les enfans et descendans à fournir des alimens à leurs père, mère et autres ascendans qui seraient dans le besoin. (2)

Avant le Code Civil, on ne reconnaissait en France d'autres héritiers des ascendans, que les enfans ou descendans qui étaient issus d'eux médiatement ou immédiatement ; mais la loi sur l'adoption a créé une autre espèce d'héritiers : elle appelle les adoptés, ainsi que leurs descendans, aux successions des adoptans, lors même que ceux-ci ont des descendans légitimes, et à l'exclusion de tous les ascendans et parens collatéraux.

L'adoption est chez nous une institution nouvelle. Celle dont il est fait mention dans quelques anciens capitulaires, et même dans certaines coutumes, n'était qu'une association militaire, ou une institution contractuelle, ou une administration commune de biens communs : elle n'établissait entre l'adoptant et l'adopté aucuns rapports de paternité et de filiation.

Ce n'est pas ici le lieu d'examiner comment l'adoption fut admise chez les peuples anciens, dans quelle forme elle est introduite parmi nous, ni quels en seront

---

(1) Art. CLXXXIII du liv. III*.

(2) Art. CXCIX du liv. I*.

les avantages : nous devons nous borner à la considérer dans ce qui a rapport à l'ordre des successions.

L'adopté, dit l'article CCCXLIV du Ier livre du Code, n'acquerra aucuns droits de successibilité sur les biens des parens de l'adoptant ; mais il aura sur la succession de l'adoptant les mêmes droits que ceux qu'y aurait l'enfant né en mariage, même quand il y aurait d'autres enfans de cette dernière qualité nés depuis l'adoption.

Ainsi l'adopté ne succède ni aux descendans, ni aux ascendans, ni aux parens collatéraux de l'adoptant ; de même, ceux-ci ne lui succèdent pas, et ont seulement le droit de reprendre, dans les cas qui seront expliqués au chap. II du présent titre, les biens qui proviennent de l'adoptant.

En effet, suivant l'article CXLII du même livre, l'adopté demeure étranger à la famille de l'adoptant : il reste dans sa famille naturelle et y conserve tous ses droits ; il ne peut donc pas y avoir de successibilité entre l'adopté et les parens de l'adoptant, puisque la successibilité n'a lieu qu'entre les membres de la même famille.

A Rome, au contraire, l'adopté acquérait dans la famille du père adoptif les droits d'agnation, parce qu'il entrait dans cette famille, et sortait absolument de la sienne propre, dans laquelle il n'avait plus le droit de succéder.

Mais, comme le droit romain, le Code Civil accorde à l'adopté, à l'égard de l'adoptant, tous les droits d'un enfant légitime.

L'adopté exclut donc, s'il n'y a pas d'enfant légitime, tous les ascendans de l'adoptant, même ses père et mère, et, à plus forte raison, tous les parens collatéraux.

Et, s'il y a des enfans légitimes, il partage avec eux par égales portions et par têtes.

Mais lorsqu'il meurt avant l'adoptant, ses enfans ou descendans ont-ils droit à la succession du père adoptif?

D'une part, on peut dire que l'adopté étant assimilé en tous points à l'enfant légitime, ses droits doivent également passer à ses descendans, qui le représentent.

Mais, d'autre part, on peut répondre avec avantage, 1° que l'adoption n'est qu'un lien d'affection personnelle entre l'adoptant et l'adopté, et que ce lien se trouve rompu par le prédécès de l'adopté; 2° qu'il est de principe que le représentant ne tient pas ses droits *du représenté, mais de la loi,* et que, suivant les expressions de Lebrun, déjà rapportées, le droit de représentation a son fondement *dans la nature,* qui fait une subrogation perpétuelle des enfans au père; qu'ainsi, les enfans de l'adopté ne peuvent, même en le représentant, tenir de *lui* aucuns droits dans la succession du père adoptif, et qu'ils ne pourraient les tenir que de la loi ou de la nature; mais que la loi sur l'adoption ne leur accorde, à eux personnellement, aucuns droits, qu'elle ne dit rien d'où l'on puisse induire qu'elle ait eu intention de les admettre à représenter leur père dans la succession de l'adoptant, et qu'elle ne s'est même nullement expliquée sur le cas où l'adopté laissant des enfans, décéderait avant le père adoptif; qu'à l'égard de la nature, elle ne parle point en faveur des descendans de l'adopté: qu'à la vérité l'adoption est une fiction, ou, si l'on veut, une image de la nature; mais que cette fiction même ne peut subsister qu'entre l'adoptant et l'adopté, et, qu'au reste, elle ne peut produire d'autres effets que ceux qui sont spécialement déterminés par la loi.

Il résulte, à la vérité, de l'article CCCXLVI du Ier livre du Code, que les enfans ou descendans de l'adopté gardent, même après sa mort, les biens qui lui avaient été donnés par l'adoptant, quoique celui-ci soit encore vivant ; mais les biens donnés à l'adopté lui étaient acquis : il en était propriétaire, et conséquemment ces biens se sont trouvés dans sa succession, et ont dû passer à ses enfans.

Au contraire, lorsque l'adopté est prédécédé, il n'avait aucun droit à la succession de l'adoptant, puisqu'elle n'était pas encore ouverte ; il n'a donc pu transmettre à ses enfans un droit dont il n'avait pas été saisi ; ses enfans ne pourraient donc, en le représentant, venir à la succession de l'adoptant, puisque le représentant ne peut avoir, en cette qualité, des droits que le représenté lui-même n'avait pas.

Ainsi, pour que les enfans de l'adopté pussent venir à la succession de l'adoptant, il faudrait qu'ils y fussent appelés de leur chef, ou par une disposition précise de la loi, ou par les droits de la nature ; et l'on a déjà vu que la loi se tait et que la nature ne parle pas.

CHAPITRE II.

Des Successions déférées aux Ascendans.

« La succession des parens aux enfans, dit Domat, n'est pas de l'ordre naturel, ainsi que l'est celle des enfans aux parens ; mais quand il arrive que les parens survivent à leurs enfans qui meurent sans postérité, il est juste qu'ils ne souffrent pas la double perte, et de leurs enfans et des biens qu'ils peuvent laisser. »

La succession des ascendans à leurs descendans avait été diversement réglée par les coutumes : elles se divisaient sur cette matière en douze classes différentes ; mais, dans presque toutes, on avait adopté la règle que les propres ne remontaient pas.

Quant aux meubles et aux acquêts, ici on les attribuait à tous les ascendans : là, ce n'était qu'au père et à la mère du défunt qu'ils étaient accordés : les aïeux étaient exclus de tout.

Ici, on accordait aux ascendans les meubles et les immeubles : là, on ne leur attribuait que les meubles : ailleurs encore, on refusait les meubles, même au père et à la mère.

Dans quelques coutumes, on appelait à la succession des meubles et des acquêts les ascendans seuls, à l'exclusion des frères et sœurs du défunt : dans d'autres, on les appelait en concours avec les frères et sœurs, et même avec les enfans de ces frères et sœurs : dans d'autres encore, ils étaient exclus des acquêts par les frères et sœurs, et même par tous autres parens collatéraux.

En Normandie, les ascendans étaient exclus, tant qu'il y avait des descendans d'eux : dans la coutume de la châtellenie de Lille, le père succédait aux meubles à l'exclusion de la mère, et l'aïeul à l'exclusion de l'aïeule du même côté : enfin, dans la coutume de Toulouse, le père, et même tous les collatéraux paternels, excluaient entièrement la mère de la succession de son fils.

Telles étaient les variations principales qui existaient entre les coutumes sur les successions en ligne directe ascendante ; et il y en avait encore une foule d'autres particulières pour l'application des mêmes règles.

8

La succession des ascendans avait été aussi réglée différemment par diverses lois dans le droit romain.

Le dernier état du droit écrit sur cette matière se trouve consigné dans la novelle 118, chap. 2.

Nous allons comparer les dispositions de cette novelle avec les dispositions du Code Civil.

La novelle 118 préférait les ascendans du défunt à tous les parens collatéraux, hors les frères germains ; à quoi la novelle 127 ajouta que les neveux du défunt ne seraient pas exclus, lorsqu'ils se trouveraient en concours avec des ascendans ; mais les ascendans excluaient toujours les petits-neveux.

Le Code Civil n'admet que le père et la mère du défunt à concourir avec les frères et sœurs, et même avec tous les descendans de ces frères et sœurs. (1)

Ce n'est donc que dans le cas où il n'y a ni frères, ni sœurs, ni descendans d'eux, que les aïeux, et aïeules, bisaïeux et bisaïeules, et tous autres ascendans à des degrés plus éloignés, sont admis à succéder ; et alors ils succèdent à l'exclusion de tous autres parens collatéraux.

Cependant il faut remarquer qu'ils n'excluent ces autres collatéraux que *dans leur ligne seulement*, c'est-à-dire que, s'il n'y a d'ascendans que dans la ligne paternelle, ils ne prennent que la moitié de la succession qui est affectée à cette ligne, et que l'autre moitié est dévolue aux parens collatéraux de l'autre ligne. (2)

En effet, on a vu précédemment que toute succession échue à des ascendans ou à des collatéraux, se divise

_____

(1) Art. XXXVI et XXXVIII du liv. IIIe.
(2) XLIII du liv. IIIe.

en deux parts égales, l'une pour la ligne paternelle, et l'autre pour la ligne maternelle ; que ces deux lignes n'ont rien de commun, et qu'il ne se fait de dévolution des biens de l'une à l'autre, que lorsqu'il ne se trouve aucun ascendant ni collatéral de l'une des deux lignes.

Dans le droit écrit, au contraire, comme on ne faisait pas la distinction des lignes, les ascendans, soit paternels, soit maternels, de l'un ou de l'autre côté seulement, prenaient la totalité de la succession, lorsque le défunt n'avait laissé ni frères, ni sœurs, ni enfans de ces frères et sœurs : ils excluaient tous autres parens collatéraux, et même ceux dans la ligne desquels il ne se trouvait pas d'ascendans vivans.

C'est encore en conséquence des mêmes principes, que le droit écrit appelait à la totalité de la succession les ascendans les plus proches du défunt, à l'exclusion des autres ascendans, même d'une autre ligne, qui se trouvaient à des degrés plus éloignés ; au lieu que, suivant le Code Civil, les ascendans les plus proches n'excluent que dans leur ligne seulement les ascendans plus éloignés ; de sorte que l'aïeul de la ligne paternelle n'exclut pas le bisaïeul de la ligne maternelle, et qu'au contraire ils viennent en concours et partagent par moitié, si chacun d'eux est le plus prochain dans sa ligne. (1)

Dans le Code Civil, comme dans le droit écrit, les ascendans qui se trouvent au même degré dans la même ligne, succèdent par tête.

Ainsi l'aïeul et l'aïeule de la ligne paternelle partagent également entre eux la moitié de la succession affectée à cette ligne, quels que soient les héritiers dans la ligne maternelle.

_____

(1) Art. XXXVI du liv. III°.

Mais il existe encore, entre le droit écrit et le Code Civil, une autre différence, qui est relative à la manière dont les père et mère succèdent, lorsqu'ils se trouvent en concours avec des frères et sœurs, ou descendans d'eux.

Suivant la novelle 118, les père et mère succédaient par tête avec les frères et sœurs : chacun d'eux prenait une portion virile.

Suivant le Code Civil, le père et la mère prennent chacun un quart de la succession, lorsqu'ils sont en concours avec des frères ou sœurs, ou descendans d'eux. (1)

Les frères ou sœurs, ou descendans d'eux, recueillent donc les trois quarts de la succession, si le père ou la mère était prédécédé, (2) et ils ne recueillent que la moitié, *quel que soit leur nombre*, si le père et la mère ont survécu l'un et l'autre à leur enfant. (3)

Enfin, lorsqu'il n'y a ni frères, ni sœurs, ni descendans d'eux, le père et la mère, qui survivent, prennent la totalité de la succession, chacun d'eux étant le plus proche de sa ligne : ils excluent tous les parens collatéraux et partagent par têtes.

Mais si l'un d'eux était prédécédé, le survivant n'aurait que la moitié affectée à sa ligne, et l'autre moitié appartiendrait aux parens collatéraux de l'autre ligne, à quelque degré qu'ils fussent éloignés, pourvu qu'ils se trouvassent à un degré successible. (4)

Néanmoins, dans ce dernier cas, le survivant des père et mère aurait, outre la moitié affectée à sa ligne,

_____

(1) Art. XXXVIII du liv. IIIe.
(2) Art. XXXIX du liv. IIIe.
(3) Art. XLI du liv. IIIe.
(4) Art. XLIII du liv. IIIe.

l'usufruit du tiers des biens qui appartiendraient à l'autre ligne. (1)

Mais ce droit d'usufruit n'a pas lieu, lorsqu'il y a des frères ou sœurs, ou descendans d'eux ; et il n'est admis en faveur d'aucun autre ascendant que du survivant des père et mère.

Outre le droit qu'ont les ascendans de succéder à leurs descendans, dans les cas qui viennent d'être expliqués, ils ont encore, et dans les cas même où ils ne seraient pas appelés comme héritiers, un droit particulier sur les successions de leurs descendans, c'est celui de reprendre les choses qu'ils ont données à leurs enfans ou descendans décédés sans postérité, lorsque les objets donnés se retrouvent en nature dans la succession. (2)

Les Romains avaient aussi accordé à l'ascendant donateur le droit de reprendre les choses qu'il avait données, lors même qu'il ne s'en était pas réservé expressément la réversion ; et ce droit, qu'on appelait retour légal, avait été adopté par un grand nombre de coutumes : il était même reçu, comme étant de droit commun dans celles qui n'avaient pas de dispositions contraires

Il avait été établi dans l'ancien droit romain, par la loi *jure succursum*, 6. d. *de jure dotium*, et par la loi *constitutionis*, 2. c. *de non quæ lib.*

Le motif de la première loi était de venir au secours du père, et de ne pas lui faire souffrir en même temps la double perte de son enfant et des biens qu'il lui avait donnés. *Jure succursum est patri ut, filiâ amissâ, solatii loco adiret, si redderetur eì dos ab ipso profecta, ne et filiæ amissæ et pecuniæ damnum sentiret.*

---

(1) Art. XLIV du liv. III⁰.
(2) Art. XXXVII du liv. III⁰.

Le motif de la seconde loi était d'encourager les pères à donner à leurs enfans, en ne leur laissant pas la crainte de perdre les biens qu'ils avaient donnés, s'ils survivaient aux enfans dotés. *Ne hâc injectâ formidine parentum in liberos munificentia retardetur.*

Cependant la première loi n'avait établi le retour légal que pour la dot, et la seconde loi, en étendant ce retour au cas des donations, l'avait encore borné aux donations faites par le père à son fils, en le mariant.

L'empereur Léon, dans sa novelle 25, l'étendit à toutes les donations que les pères pourraient faire aux enfans, et néanmoins le refusa expressément aux mères et aux étrangers.

Il n'en est pas question dans la novelle 118; mais comme cette novelle ne l'avait pas aboli, et qu'il est absolument dans le vœu de la nature, il était admis sans difficulté dans les pays de droit écrit ; et, par les mêmes motifs qui l'avaient fait établir en faveur des pères, on l'adopta presque généralement en faveur des mères et des autres ascendans, et pour toutes espèces de donations par eux faites à leurs descendans, lors même que le retour n'était pas expressément stipulé.

Le Code Civil n'a point adopté un simple retour légal en faveur des ascendans donateurs; mais il a substitué, en faveur de ces ascendans, le droit de succéder aux choses par eux données.

« Les ascendans, est-il dit dans l'article XXXVII du IIIe livre, succèdent, à l'exclusion de tous autres, aux choses par eux données à leurs enfans ou descendans décédés sans postérité. »

Il existe donc une différence importante sur cette matière entre la législation ancienne et la nouvelle.

Suivant la législation ancienne, c'était par simple droit de retour, et non par voie de succession, que les ascendans rentraient, après la mort des donataires décédés sans postérité, dans la propriété des choses qu'ils avaient données; ils reprenaient donc, sans être héritiers de ceux dans la succession desquels ils exerçaient le droit de retour.

Suivant l'article XXXVII que nous venons de citer, c'est au contraire par voie de succession, et non à titre de simple réversion, que les ascendans reprennent. Il est dit expressément qu'ils *succèdent* aux choses par eux données; c'est donc en qualité d'héritiers qu'ils reprennent ; ils sont donc réellement héritiers du donataire dans la succession duquel se trouvent les objets donnés, lorsqu'ils usent du droit de les reprendre.

Le droit de retour étant *légal* dans les pays de droit écrit, et non à titre de succession, on devait y admettre généralement que les dispositions et aliénations faites par le donataire ou ses descendans, ne pouvaient nuire au donateur, ni empêcher le retour en sa faveur.

C'était l'avis de Furgole, question XLII sur l'ordonnance de 1731: « Les biens donnés, dit-il, reviennent de plein droit, *veluti quodam jure post liminii.* »

Le premier président de Lamoignon était d'avis de rendre cette maxime universelle : il soutenait que les biens donnés devaient retourner au père, francs et quittes de toutes charges et hypothèques imposées par le donataire, et que les aliénations faites par le donataire demeuraient révoquées en faveur du donateur.

C'était la jurisprudence des parlemens de Toulouse, de Grenoble et de Bordeaux.

Cependant le parlement de Paris jugeait pour tous

les pays de droit écrit qui étaient dans son ressort, que le donataire pouvait non seulement aliéner à titre onéreux, mais encore disposer par donation entre-vifs ou à cause de mort.

Il ne peut plus y avoir maintenant de difficulté, ni de variation sur cette matière.

Les ascendans donateurs ne reprenant plus à titre simple de réversion, mais toujours par droit de succession, les biens qu'ils avaient donnés, et se trouvant conséquemment héritiers du donataire dans la succession duquel ils reprennent ces biens, il en résulte nécessairement :

1° Qu'ils ne peuvent réclamer les biens qu'ils avaient donnés, lorsque le donataire en a disposé, soit à titre onéreux, soit même à titre gratuit, attendu qu'ils sont tenus d'exécuter les faits de ceux auxquels ils succèdent; et que d'ailleurs le donataire ayant été propriétaire, et non pas simple usufruitier des biens donnés, a eu le droit d'en disposer à son gré.

2° Qu'ils sont tenus des dettes de la succession, mais seulement comme héritiers *à titre singulier*, à moins qu'ils ne soient d'ailleurs héritiers à un autre titre, dans les cas précédemment énoncés.

3° Qu'ils sont tenus d'acquitter entièrement les dettes et charges qui se trouvent hypothéquées, de la part du donataire, sur les biens qu'ils reprennent, sauf néanmoins leur recours contre les autres héritiers, pour l'excédant de leur portion virile.

Les ascendans ne peuvent même réclamer, contre la succession, la valeur ou le prix de la vente des biens dont a disposé le donataire, puisqu'ils ne sont admis, par l'article XXXVII, à succéder aux choses par eux données que *lorsqu'elles se trouvent en nature dans la succession.*

Cependant, si les objets ont été aliénés, les ascendans recueillent le prix *qui peut en être dû*, et ils succèdent aussi à l'action en reprise que pouvait avoir le donataire.

Mais, si le prix de la vente était entièrement payé, ou s'il avait été disposé des biens à titre gratuit, les ascendans n'auraient rien à demander, l'art. XXXVII ne leur attribuant aucune indemnité sur la succession.

Les lois romaines n'avaient pas décidé si, pour donner ouverture au retour légal, il était nécessaire que l'enfant donataire fût mort sans postérité avant l'ascendant donateur, et les opinions des anciens jurisconsultes avaient été long-temps divisées à cet égard ; mais à la fin on s'était rangé à l'avis que l'ascendant, en donnant des biens à son descendant, les avait donnés tant pour lui que pour sa postérité, et l'on n'admettait en conséquence l'ascendant à reprendre les choses données que lorsque le donataire était mort, sans laisser de descendans.

Cette disposition était suivie dans les pays de droit écrit, comme dans les pays coutumiers.

Le Code Civil n'admet également l'ascendant au droit de succéder aux choses qu'il avait données, que lorsque le descendant donataire est mort sans postérité.

Mais, suivant l'opinion du plus grand nombre des jurisconsultes, et notamment de Domat et de Lebrun, lorsqu'après la mort du donataire, ses descendans mouraient sans postérité avant l'ascendant donateur, le retour légal auquel ils avaient fait obstacle reprenait son effet, et l'ascendant donateur rentrait dans la propriété des choses par lui données, dans le cas même où il n'était pas héritier des descendans du donataire.

La raison qu'en donne Domat, liv. II, tit. II, sect. III,

c'est que les descendans du donataire étant considérés comme donataires eux-mêmes, puisqu'ils empêchaient le retour légal, ce droit, qui n'était que suspendu en leur faveur, reprenait son effet, quand la donation cessait d'avoir le sien par leur mort sans postérité.

Le Code Civil n'admet pas cette extension au droit de succéder en faveur de l'ascendant donateur.

Suivant la disposition précise de l'article XXXVII, les ascendans succèdent aux choses par eux données à leurs enfans ou descendans décédés sans postérité; il faut donc deux choses pour que l'ascendant succède : 1° que l'enfant ou descendant, auquel il a donné, soit décédé; 2° que l'enfant ou descendant auquel il a donné soit décédé sans postérité; et ces deux conditions, exigées conjointement, excluent nécessairement, et pour toujours, l'ascendant du droit de succession aux choses données, lorsque l'enfant ou descendant donataire laisse, en mourant, des descendans.

L'ascendant qui a donné à son fils, n'est pas réellement donateur à l'égard de son petit-fils ; on ne pourrait donc pas dire, s'il reprenait après la mort de son petit-fils, qu'il succéderait aux choses par lui données à son enfant ou descendant décédé sans postérité ; ce n'est donc évidemment qu'au cas où le descendant même, auquel il a été donné, est mort sans postérité, que peut s'appliquer la disposition de l'article XXXVII.

Le droit légal et le droit de succession différant beaucoup, soit dans leur nature, soit dans leurs effets, on ne peut pas leur appliquer les mêmes règles.

Il suffit d'ailleurs que le Code Civil n'ait accordé le droit de succession que dans un cas, pour qu'on ne puisse l'appliquer à un autre cas, même par analogie: *Qui de uno dicit, de altero negat.*

La succession exclusive, en faveur des ascendans

donateurs, est une exception aux règles ordinaires en
matière de succession : c'est un droit particulier, et
c'est parce qu'elle est un droit particulier, c'est parce
qu'elle est une exception, qu'elle ne doit pas être étendue d'un cas à un autre.

On ne peut pas dire enfin que l'ascendant se déter-
minera plus difficilement à donner, s'il a la crainte de
ne pas recouvrer les biens au cas de prédécès du donataire et de ses descendans, puisqu'il peut, suivant
l'article CCXLI du livre IIIᵉ, se réserver expressément le droit de reprendre, après la mort du donataire, et même de ses descendans, toutes les choses
par lui données.

En un mot, le texte de l'article XXXVII est clair
et précis : il est limitatif au cas où le donataire
lui-même décède sans postérité, et l'on ne peut rien
y ajouter.

Il n'est pas même nécessaire, pour empêcher la réversion au profit de l'ascendant donateur, que les enfans
ou descendans du donataire soient issus du mariage en
faveur duquel spécialement aurait été fait le don : qu'ils
soient issus d'un mariage antérieur ou postérieur, ils
empêchent tous également la réversion.

Il y avait eu à cet égard variété dans la jurisprudence.
Un arrêt du parlement de Toulouse avait jugé que, lorsque la donation était faite en faveur d'un second mariage, la survivance des enfans du premier lit du donataire n'empêchait pas le retour légal.

Mais il ne peut plus exister aujourd'hui de difficulté
sur cette question. L'article XXXVII dit généralement
que l'ascendant ne succède aux choses par lui données,
que lorsque le donataire est décédé sans postérité, et
comme il parle de la postérité, sans aucune exception,
sans distinguer entre les divers mariages, il doit s'ap-

pliquer à tous les descendans, de quelque mariage qu'ils soient issus.

Si on voulait opposer que l'ascendant qui a donné expressément en faveur du second mariage, a eu l'intention que le don ne profitât qu'aux enfans et descendans qui naîtraient de ce mariage, il y aurait à répondre que, suivant les articles CCCXXXVII et CCCLXX du IIIe livre du Code Civil, au titre des donations et des testamens, une donation faite par des ascendans, aux époux, ou à l'un d'eux, même par contrat de mariage, ne profite pas seulement aux enfans issus de ce mariage, mais qu'elle profite à tous les enfans nés et à naître, et que, suivant l'article CCCXXXIX, si la charge de remettre le don n'était pas au profit des enfans déjà nés, comme au profit de tous ceux à naître, elle ne serait pas valable.

Ainsi, tous les enfans, de quelque mariage qu'ils soient issus, devant également profiter du don, tous empêchent également, à l'égard de l'ascendant donateur, la réversion des choses données.

Le droit de succession aux choses données ne passe point aux héritiers des ascendans donateurs : l'article XXXVII ne l'attribue qu'aux ascendans eux-mêmes, puisqu'il exige qu'ils survivent au donataire et à ses descendans.

Il en résulte que, si l'aïeul a donné à son petit-fils, et qu'après la mort de l'aïeul le petit-fils décède sans postérité, le père du donataire n'aura pas le droit de succéder seul aux choses données, si ce donataire a laissé des frères, ou sœurs, ou descendans d'eux.

Lorsque l'aïeul, en dotant son petit-fils, avait déclaré qu'il constituait la dot pour son fils et à sa décharge, les lois 6 *de collationibus* et 79 *de jure dotium*, supposaient que c'était un don que le père avait fait à son fils, pour le remettre ensuite à son petit-fils, et que le père n'avait donné au petit-fils que par amour pour son fils ; elles accordaient en conséquence la réversion au fils, et ne la refusaient que dans le cas où la donation avait été faite purement et simplement.

Mais Dumoulin et Lebrun étaient d'avis que la réversion ne devait avoir lieu, en faveur du fils, ni dans l'un ni dans l'autre cas, et leur opinion se trouve consacrée par la disposition de l'art. XXXVII qui n'accorde la réversion, à titre de succession, qu'à l'ascendant donateur.

Il est certain, dans l'hypothèse, que le fils n'est réellement ni donateur, ni donataire : le don provient de l'aïeul qui peut avoir donné au petit-fils par tendresse pour ce petit-fils lui-même, quoiqu'il ait voulu donner pour son fils et à sa décharge : le fils n'a rien donné de son propre chef, et conséquemment ne doit pas avoir le droit de reprendre ce qui ne lui a jamais appartenu.

Il en serait autrement, si le père avait d'abord donné au fils, et qu'ensuite le fils eût donné au petit-fils. Ce serait, en ce cas, le fils qui reprendrait après la mort du petit-fils décédé sans postérité, et le père ne reprendrait qu'après la mort du fils, les choses données ne pouvant revenir au père, premier donateur, qu'après le décès de celui auquel il a donné lui-même.

Le Code Civil accorde aussi à l'adoptant, et même à ses descendans, dans certains cas, un droit de retour.

L'adoptant, s'il survit à l'adopté et à ses descendans, succède aux choses qu'il avoit données à l'adopté, à la charge de contribuer aux dettes, et sans préjudice des droits des tiers.

Si l'adopté est mort sans descendans légitimes, après le décès de l'adoptant, les descendans de l'adoptant ont aussi le droit de reprendre, non seulement les choses qui avaient été données à l'adopté, mais encore celles qui avaient été recueillies par lui dans la succession de l'adoptant, et qui existeraient en nature lors du décès de l'adopté.

Mais si, après le décès de l'adopté, ses enfans ou descendans mouraient sans postérité, l'adoptant aurait seul le droit de succéder aux choses qu'il avait données, et ce droit ne serait pas transmissible à ses héritiers, même en ligne directe descendante.

Il faut observer encore que l'adoptant ne succède jamais à l'adopté, ni à ses descendans, si ce n'est pour les biens qu'il lui avait donnés. Les autres biens passent aux parens de la famille de l'adopté ; la loi n'a pas voulu donner, à cet égard, à l'adoptant les droits qu'elle a conférés au père légitime, quoique l'adopté succède lui-même à l'adoptant, comme s'il était enfant légitime.

Telles sont les dispositions des articles CCCXLV, et CCCXLVI du livre Ier du Code Civil qui trouvaient ici naturellement leur place.

Après avoir établi les règles générales des successions déférées aux ascendans, il ne peut être que très-utile, pour ne laisser aucune confusion dans cette matière, de présenter, d'une manière *distincte* et *séparée*, les cas où les ascendans succèdent seuls, ceux où ils succèdent conjointement avec des parens collatéraux, et ceux où ils sont exclus par d'autres parens.

Cas où les Ascendans succèdent seuls.

1° Si le défunt n'a laissé ni postérité, ni frère, ni sœur, ni descendans d'eux, les ascendans, *s'il y en a des deux lignes*, succèdent seuls au défunt, à l'exclusion de tous autres parens collatéraux.

La succession se divise par moitié entre les ascendans de la ligne paternelle et les ascendans de la ligne maternelle.

L'ascendant qui se trouve au degré le plus proche du défunt, recueille seul la moitié affectée à sa ligne, à l'exclusion de tous autres ascendans plus éloignés, quoique dans la même ligne.

Les ascendans au même degré dans la même ligne succèdent entre eux par têtes. (1)

2° Si le défunt n'a laissé ni postérité, ni frère, ni sœur, ni descendans d'eux, les ascendans qui ne sont que d'une ligne, succèdent encore seuls, et pour le tout, lorsque, dans l'autre ligne, il n'y a pas de parens aux degrés successibles. (2)

3° Dans tous les cas, que les ascendans soient appelés à la succession, ou qu'ils en soient exclus par d'autres parens, chacun d'eux néanmoins succède seul et à l'exclusion de tous autres parens, aux choses qu'il a données à ses enfans ou descendans, mais dans le cas seulement où ces enfans ou descendans donataires sont décédés avant lui, sans postérité. (3)

Cas où les Ascendans succèdent conjointement avec des Parens collatéraux.

1° Lorsque les père et mère d'une personne décédée sans postérité lui ont survécu, si elle a laissé des frères ou sœurs, ou descendans d'eux, la succession se divise en deux parts égales, dont moitié est déférée au père et à la mère qui la partagent entre eux également, et l'autre moitié appartient aux frères, sœurs, ou descendans d'eux. (4)

Si le père ou la mère était prédécédé, le quart qui

_____

(1) Art. XXXVI du liv. IIIe.
(2) Art. XLV du liv. IIIe.
(3) Art. XXXVII du liv. IIIe.
(4) Art. XXXVIII du liv. IIIe.

lui aurait appartenu, dans le cas où il aurait survécu, n'est pas déféré au survivant d'eux, mais se réunit à la moitié qui appartient aux frères et sœurs, ou à leurs descendans. (1)

2° Lorsque le défunt n'a laissé ni postérité, ni frère, ni sœurs, ni descendans d'eux, celui des père et mère qui lui a survécu, partage la succession par moitié avec les parens collatéraux qui sont de l'autre ligne, de sorte que, si c'est le père qui a survécu, la moitié qu'il ne prend pas dans la succession appartient à l'héritier ou aux héritiers les plus proches de la ligne maternelle. (2)

Mais, dans ce cas, le survivant des père et mère a droit de demander, outre sa moitié dans la succession, l'usufruit du tiers des biens déférés à l'autre ligne. (3)

3° Tous autres ascendans que les père et mère, s'ils ne sont que d'une ligne, partagent aussi par moitié avec les parens collatéraux de l'autre ligne, quand ils ne sont pas exclus par des descendans, ou par les frères ou sœurs du défunt, ou par les descendans de ces frères et sœurs. (4)

Ainsi, l'aïeul et l'aïeule paternels ont entre eux la moitié de la succession, et l'autre moitié est déférée au plus proche parent de la ligne maternelle du défunt.

Cas où les ascendans sont exclus par d'autres parens.

1° Tous les ascendans sont exclus par les enfans et descendans légitimes du défunt. (5)

---

(1) Art. XXXIX du liv. III⁰.
(2) Art. XLIII du liv. III⁰.
(3) Art. XLIV du liv. III⁰.
(4) Art. XLIII du liv. III⁰.
(5) Art. XXXVI du liv. III⁰.

2° Tous autres ascendans que les père et mère, c'est-à-dire, l'aïeul et l'aïeule, le bisaïeul et la bisaïeule, et tous autres ascendans plus éloignés, sont encore exclus par les frères ou sœurs du défunt, et par tous les descendans de ces frères et sœurs en faveur desquels la représentation est admise. (1)

CHAPITRE III.

Des successions déférées aux parens collatéraux.

C'était une règle générale dans les coutumes, comme dans le droit écrit, que, dans l'ordre des successions collatérales, les parens les plus proches du défunt étaient ses héritiers, à l'exclusion de ceux qui se trouvaient à des degrés plus éloignés.

Mais les coutumes y avaient dérogé par six exceptions différentes; 1° par le droit de représentation; 2° par la maxime *paterna paternis;* 3° par la fente des meubles et acquêts en deux lignes; 4° par le droit d'aînesse; 5° par les prérogatives de la masculinité; 6° par le privilége du double lien.

On a vu précédemment que le Code Civil, comme le droit écrit, n'a admis qu'une seule de ces exceptions, le droit de représentation.

Il n'y a donc plus qu'une seule règle pour déterminer, *dans tous les cas,* l'ordre des successions collatérales, c'est que les parens qui sont, de leur chef, ou par représentation, les plus proches du défunt, viennent à succession, et excluent tous ceux qui sont à des degrés plus éloignés, sans aucune distinction, ni quant aux personnes, ni quant aux biens.

_____

(1) Art. XXXVI et XXXVIII du liv. I.er.

9

Cependant, cette règle qui, dans le droit écrit, s'appliquait à la succession en masse, parce qu'on n'y faisait pas la distinction de la ligne paternelle et de la ligne maternelle, s'applique, d'après les dispositions du Code Civil, à chaque ligne en particulier, et sans confusion avec l'autre ligne.

Ainsi, la succession collatérale devant être toujours divisée par moitié entre la ligne des parens paternels du défunt, et la ligne des parens maternels, c'est dans chaque ligne particulièrement que les parens les plus proches excluent les parens les plus éloignés; mais les parens d'une ligne n'excluent pas les parens de l'autre, quand même ils seraient de leur chef, ou par représentation, plus proches du défunt. La proximité du degré, et le droit de représentation ne donnent la préférence qu'entre les parens qui sont de la même ligne, et n'influent nullement sur l'ordre de succéder dans l'autre.

Ce n'est que dans le cas seulement où il n'existe pas, dans une ligne, des parens aux degrés successibles, que les parens les plus proches de l'autre ligne succèdent pour le tout. (1)

Il faut donc, lorsqu'une succession collatérale est ouverte, rechercher quel était le plus proche parent de la ligne paternelle du défunt, et le plus proche parent de la ligne maternelle, soit de leur chef, soit par représentation, lorsqu'elle a lieu, et partager entre eux par moitié la succession, sans considérer ni la nature, ni l'origine des biens. *Ut viciniores gradu ipsi reliquis praeponantur.* Nov. 118, c. 3.

S'il y a, dans une ligne, deux ou plusieurs parens à degrés égaux, la moitié des biens attribuée à cette ligne

_____

(1) Art. XXIII du liv. IIIe.

se partage entre eux par têtes. *Si autem plurimi ejusdem gradûs inveniantur, secundùm personarum numerum inter eos hæreditas dividatur; quod in capita nostræ leges appellant.* Nov. 118.

Mais, lorsqu'il se trouve des parens qui ne viennent que par représentation à un degré égal entre eux, ou au degré d'un autre parent qui est de son chef le plus proche du défunt, le partage se fait par souches.

Les parens les plus proches du défunt, dans la ligne collatérale, sont ses frères et sœurs. *Si igitur defunctus neque descendentes neque ascendentes reliquerit, primos ad hæreditatem vocamus fratres et sorores,* Nov. 118, C. 3.

Cependant lorsqu'il y a des frères et sœurs du défunt qui sont prédécédés, tous leurs enfans et descendans viennent au même rang que d'autres frères et sœurs, la représentation a lieu sans interruption en leur faveur, et, en ce cas, ils excluent tous autres collatéraux que les descendans de frères et sœurs du défunt, quand même ils se trouveraient personnellement et de leur chef à des degrés égaux, et même plus éloignés que ces collatéraux.

Nous avons vu qu'en ligne collatérale la représentation s'étend à tous les descendans des frères et sœurs. (1)

Le neveu du défunt vient donc, par représentation de son père, ou de sa mère, en concurrence avec son oncle, qui est frère du défunt, quoiqu'il soit personnellement à un degré plus éloigné que cet oncle, et il exclut aussi l'oncle du défunt, quoiqu'ils soient l'un et l'autre à degrés égaux.

Le petit-neveu exclurait pareillement l'oncle du dé-

_____

(1) Art. XXXII du liv. IIIe.

funt, quoiqu'il soit de son chef à un degré plus éloigné que cet oncle, parce qu'il arrive, par représentation de son père, à la place de son aïeul, qui était frère du défunt.

Mais, lorsque la chaîne de la représentation est interrompue, ou par une renonciation, ou par une cause d'indignité légalement prononcée, alors les enfans ou descendans ne peuvent remonter plus haut que le degré auquel l'interruption a eu lieu, et ils sont exclus par tous autres parens collatéraux qui se trouvent à un degré moins éloigné.

Ainsi, lorsque le défunt a laissé deux frères, dont l'un a renoncé à sa succession, ou en a été déclaré indigne, et dont l'autre a accepté, l'enfant du frère renonçant ne pouvant représenter son père, ne peut venir qu'à son degré, qui est le troisième, et il se trouve conséquemment exclu par le frère qui a accepté, et même par tous les descendans de ce frère qui se trouvent, comme lui, par le bénéfice de la représentation, au second degré.

Lorsque le défunt n'a laissé qu'un frère qui a renoncé à sa succession, ou qui en a en été déclaré indigne, l'enfant de ce frère n'exclut pas l'oncle du défunt ; mais comme ils se trouvent l'un et l'autre au même degré, ils viennent conjointement, et par tête, dans la même ligne.

Si la succession du défunt avait été répudiée par son frère et par son neveu, le petit-neveu ne pouvant venir que de son chef, serait exclu par l'oncle du défunt, parce qu'il se trouverait à un degré plus éloigné.

Les enfans et descendans des frères et sœurs du défunt n'excluent donc, dans tous les cas, les autres parens collatéraux, que lorsque la représentation qui peut les placer au second degré du défunt, n'est pas interrompue.

Lorsqu'elle est interrompue, ils ne montent qu'au degré où s'arrête la représentation, et si la représentation n'a pas commencé, ils ne peuvent venir que de leur chef, et, dans l'un et l'autre cas, ils n'excluent que les parens qui se trouvent à des degrés plus éloignés.

Après les descendans des frères et sœurs du défunt, la représentation n'ayant plus lieu, tous autres parens collatéraux ne peuvent être appelés que de leur chef; et, pour savoir dans quel ordre ils doivent être appelés dans chaque ligne, à l'exclusion les uns des autres, il ne s'agit que de compter les générations ou degrés qui se trouvent entre chacun d'eux et le défunt. Le plus proche en degré exclut, dans sa ligne, tous ceux qui, dans cette même ligne, se trouvent à des degrés plus éloignés.

Il est utile de rappeler ici, pour les successions collatérales, que le privilége du double lien étant aboli, les parens utérins ou consanguins ne sont pas exclus par les germains, mais qu'ils ne prennent part que dans la ligne dont ils sont issus, et que les germains prennent part dans les deux lignes.

Il y a cependant une exception à cette règle en faveur des frères et sœurs utérins ou consanguins, ainsi que de leurs descendans. Toutes les fois qu'ils ne se trouvent pas en concours avec des frères ou sœurs germains, ou des descendans d'eux, ils prennent part dans les deux lignes; ils excluent, *même hors de leur ligne*, tous autres parens collatéraux; ils excluent pareillement tous autres ascendans que les père et mère du défunt; et, s'ils se trouvent en concours avec ces père et mère, ou l'un d'eux seulement, ils prennent, à l'exclusion de tous autres parens des deux lignes, la totalité de ce qui reste dans la succession, après le prélèvement de la portion attribuée au père et à la mère, ou au survivant d'eux.

Telles sont les dispositions des articles XL et XLII du IIIe livre du Code Civil au titre des successions.

Cette préférence, accordée aux frères et sœurs utérins et consanguins, est fondée, comme doivent l'être toutes les règles des successions, sur la présomption de la volonté du défunt. Il est dans l'ordre des sentimens naturels qu'on ait plus d'affection pour ses frères et sœurs, même d'un seul côté, que pour d'autres parens, soit en ligne collatérale, soit en ligne directe ascendante, qui se trouvent à des degrés plus éloignés; et, comme la représentation rapproche les degrés, il résulte des principes déjà exposés sur cette matière, que tous les descendans des frères et sœurs utérins ou consanguins doivent également prendre part dans les deux lignes, quand il n'y a ni frères ou sœurs germains, ni descendans d'eux.

L'article XLII s'explique de la manière la plus précise pour le cas où le défunt a laissé ses père et mère, ou l'un d'eux seulement, avec des frères ou sœurs utérins ou consanguins, ou des descendans d'eux.

Après la disposition de l'article XLI, qui porte que, si les père et mère de la personne morte sans postérité lui ont survécu, ses frères, sœurs, ou leurs représentans, ne sont appelés qu'à la moitié de la succession, et que, si le père ou la mère seulement a survécu, ils sont appelés à recueillir les trois quarts, l'art. XLII ajoute :

« Le partage de la moitié ou des trois quarts dévolus aux frères ou sœurs, aux termes de l'article précédent, s'opère entre eux par égales portions, s'ils sont tous du même lit; s'ils sont de lits différens, la division se fait par moitié entre les deux lignes paternelle et maternelle du défunt; les germains prennent part dans les deux lignes, et les utérins et consanguins, chacun dans leur ligne seulement; *s'il n'y a de frères ou sœurs que d'un côté, ils succèdent à la totalité, à l'exclusion de tous autres parens de l'autre ligne.* »

Ainsi, lorsqu'une personne morte sans postérité, et et sans frères ou sœurs germains, ni descendans d'eux, a laissé sa mère et un frère utérin, le quart de la succession est déféré à la mère, et le frère utérin recueille les trois autres quarts: il exclut l'oncle paternel du défunt, et même l'oncle germain, ainsi que tous autres collatéraux et ascendans. En ce cas, la ligne maternelle recueille toute la succession, et la ligne paternelle n'a rien; la dernière partie de l'article XLII disant expressément que, s'il n'y a de frères ou sœurs que d'un côté, ils succèdent, à l'exclusion de tous autres parens *de l'autre ligne*, à la totalité de la succession, prélèvement fait de la portion attribuée à la mère.

Mais il est évident, par la contexture de l'article, que cette dernière partie ne s'applique qu'au cas où il y partage avec les père et mère du défunt, ou avec le survivant d'eux ; on ne peut donc la considérer isolément, pour en conclure, comme l'ont fait quelques jurisconsultes, que, dans tous les cas, les frères et sœurs d'un seul côté excluent tous autres parens de l'autre ligne.

C'est dans l'article XL que les autres cas se trouvent compris : voici sa disposition littérale :

« En cas de prédécès d'une personne morte sans postérité, ses frères, sœurs, ou leurs descendans, sont appelés à l'exclusion des ascendans et des autres collatéraux. »

On voit que cet article s'explique, à l'égard des frères et sœurs, d'une manière générale et sans exception : il ne distingue pas entre les frères et sœurs germains, et les frères et sœurs utérins ou consanguins ; il doit donc être également appliqué aux uns et aux autres.

Lorsque la loi parle des frères et sœurs, sans désigner l'espèce de leur fraternité, elle est censée parler de la fraternité générale, et sa disposition non limitée embrasse la fraternité utérine ou consanguine, comme la fraternité germaine.

Il résulte donc de la disposition générale de l'article XL, combinée avec les articles XXIII, XXXVI, XXXVIII et XXXIX, que les frères et sœurs utérins ou consanguins excluent tous autres collatéraux que les frères ou sœurs germains, ou descendans d'eux, et tous autres ascendans que les père et mère.

Cependant il s'est élevé des doutes sur cette interprétation donnée à l'article XL, et en le rapprochant de l'article XXIII, on a soutenu qu'il ne devait s'appliquer qu'aux frères et sœurs germains et à leurs descendans, ou que, s'il pouvait également s'appliquer aux frères et sœurs utérins ou consanguins, et à leurs descendans, ceux-ci ne devaient exclure que *dans leur propre ligne* les autres collatéraux et les ascendans, et n'avaient rien à prendre dans la ligne à laquelle ils étaient étrangers.

Voici comment on a raisonné pour établir cette distinction.

L'article XXIII dispose, *en règle générale*, que toute succession échue à des ascendans ou à des collatéraux, se divise en deux parts égales, l'une pour les parens de la ligne paternelle, l'autre pour les parens de la ligne maternelle, que les parens utérins ou consanguins ne prennent part que dans leur ligne, *sauf ce qui sera dit à l'article XLII*, que les germains prennent part dans les deux lignes, et qu'il ne se fait aucune dévolution d'une ligne à l'autre, que lorsqu'il ne se trouve aucun ascendant ni collatéral de l'une des deux lignes.

L'article XL serait donc une exception à la règle générale établie dans l'article XXIII, s'il était interprété dans le sens que les frères utérins ou consanguins excluraient, *même hors de leur ligne*, les ascendans et les autres collatéraux.

Mais l'article XXIII ne s'est pas borné à établir la règle générale : il a de suite annoncé une exception, et n'en a annoncé qu'une seule, et a spécifié le cas où elle aurait lieu, *sauf ce qui sera dit ci-après à l'article XLII.*

Il n'y a donc d'exception à la règle générale que dans le cas prévu par l'article XLII; la disposition de l'article XL doit donc être soumise à la règle générale, puisqu'elle n'est pas exceptée : *Inclusio unius est exclusio alterius.*

Si le législateur eût voulu excepter de la règle générale la disposition de l'article XL, comme celle de l'article XLII, il est évident qu'il aurait dit dans l'art. XXIII : *Sauf ce qui sera dit aux art. XL et LXII.*

C'est donc résister au texte précis de l'article XXIII que de soutenir qu'il y a exception dans l'art. XL.

Mais, s'il n'y a pas d'exception dans l'art. XL, il est incontestable, ou qu'il ne doit s'appliquer qu'aux frères et sœurs germains qui en effet excluent tous les autres collatéraux, parce qu'ils sont des deux lignes, ou que, si on l'applique aux frères et sœurs utérins ou consanguins, il ne peut s'entendre que conformément à la règle générale établie dans l'article XXIII, c'est-à-dire que les frères et sœurs utérins ou consanguins n'excluent *que dans leur ligne seulement* les ascendans et les autres collatéraux.

Ce n'est pas là une interprétation qui restreigne *arbitrairement* la disposition de l'article XL; c'est une conséquence nécessaire de la disposition générale de l'article XXIII. Autrement, la disposition de l'article XL serait en contradiction avec celle de l'art. XXIII, puisqu'il est prouvé qu'elle n'en est pas une exception, et l'on ne doit pas supposer qu'il y ait de contradiction entre deux articles de la même loi, lorsqu'on peut donner à l'un, un sens limité qui se concilie parfaitement avec l'autre.

A cette objection il a été fait deux réponses.

1º On a dit qu'il fallait moins s'arrêter à une omission qui pouvait avoir été faite dans l'article XXIII qu'à l'esprit général de la loi, et qu'il était évident par les dispositions des art. XXXVI, XXXVIII, XXXIX, LX, XLI et XLII de la loi, que le législateur avait voulu que tous les frères et sœurs, sans exception, ainsi que leurs descendans, fussent préférés à tous autres collatéraux, et à tous autres ascendans que les père et mère ; que les dispositions de ces articles n'étant pas limitées aux frères et sœurs germains et à leurs descendans, contenaient une exception de fait, une exception réelle, en faveur des frères et sœurs utérins ou consanguins, et de leurs descendans, à la disposition générale de l'article XXIII, et qu'il n'était pas besoin d'annoncer à l'avance cette exception, puisqu'on la marquait, de la manière la plus précise et la plus évidente, par des dispositions subséquentes dont la généralité embrassait nécessairement les personnes qu'on avait l'intention d'excepter.

2º On a dit qu'il y aurait injustice, et même absurdité, dans la loi, si les frères et sœurs utérins ou consanguins qui, d'après l'article XLII, excluent tous les parens de l'autre ligne, lorsqu'ils se trouvent en concours avec le père et la mère du défunt, ou l'un d'eux seulement, n'excluaient pas également les parens de l'autre ligne, lorsqu'ils ne seraient en concours ni avec le père ni avec la mère; qu'en effet le

frère utérin ou consanguin aurait les trois quarts de
la succession, si le père ou la mère du défunt avait
survécu, et n'aurait que la moitié, si, le père et la
mère du défunt étant prédécédés, il se trouvait en concours avec un parent *au douzième degré* de l'autre
ligne ; de sorte qu'il aurait plus de bénéfice à partager avec le père ou la mère du défunt qu'avec un
aïeul, avec un grand oncle, avec un cousin au dernier des degrés successibles, et que ce cousin pren-
drait une portion plus considérable que celle qu'aurait
eue le survivant des père et mère ;

Qu'il était donc évident que la loi, en accordant au
frère utérin ou consanguin, en concours avec le père
ou la mère du défunt, le droit de prendre dans les
deux lignes, avait entendu, à plus forte raison, lui
accorder ce droit, lorsqu'il ne se trouverait en concours
qu'avec un parent beaucoup plus éloigné qui devait
être traité moins favorablement, et que donner à la
loi une interprétation absolument contraire, supposer
qu'elle ait voulu donner plus à un parent collatéral
très-éloigné qu'à un père ou à une mère, c'était lui
prêter tout à la fois une injustice et une absurdité qui
renversaient toute l'économie de son système, et ne
permettaient plus de dire que l'ordre des successions
se trouvait fondé sur l'ordre même des affections naturelles et légitimes.

TITRE VI.

Des Successions irrégulières.

LES successions irrégulières sont celles qui, à défaut de parens habiles à succéder dans l'une et l'autre ligne, sont déférées à d'autres personnes indiquées par la loi.

On n'en connaissait que de deux espèces dans les pays de droit écrit, et dans les pays de coutumes ; les unes étaient déférées au conjoint survivant du défunt, les autres au seigneur, ou au roi, ou au fisc.

Avant les empereurs Théodose et Valentinien, les lois romaines ne donnaient au conjoint survivant que la jouissance des biens du prédécédé, à titre de secours.

Ce ne fut que par des lois postérieures, et notamment par l'édit du préteur *unde vir et uxor*, que la succession du conjoint décédé, sans parens habiles à lui succéder, fut déférée à son conjoint survivant, et cette règle était suivie dans tous les pays de droit écrit.

Elle fut adoptée en termes exprès par un grand nombre de nos coutumes, et rejetée formellement par d'autres ; mais elle était de droit commun dans celles qui ne l'avaient pas expressément rejetée.

Cette disposition était fondée sur la présomption de la volonté du défunt. Il était naturel de supposer qu'il avait été dans son intention que sa succession fût déférée à son conjoint survivant, plutôt qu'à des étrangers, ou au fisc ; mais, comme cette présomption ne pouvait plus avoir lieu, lorsqu'il y avait eu divorce prononcé entre les conjoints, on n'admettait point, en ce cas, le conjoint survivant à succéder.

On ne l'admettait pareillement que lorsque le mariage avait été légitime.

A défaut de conjoint survivant, la succession était déférée au fisc par le droit écrit, liv. 1, *cod. de bon. vacant.* et au seigneur, ou au roi, par nos coutumes.

C'était là ce qu'on appelait le droit de *déshérence.*

Le conjoint survivant et le fisc succédaient à l'exclusion des bâtards, même de ceux qui étaient enfans du défunt.

Le Code Civil, lorsque le défunt n'a pas laissé de parens habiles à succéder, défère aussi la succession au conjoint survivant non divorcé, et, à défaut de conjoint, à la République; mais avant le conjoint survivant et la République, il appelle en premier ordre à la succession irrégulière les enfans naturels du défunt qui sont légalement reconnus, (1) ainsi que leurs descendans, (2) et il leur attribue même des droits sur les successions des père et mère, lorsqu'il y a des parens légitimes et successibles. (3)

Cette matière étant traitée d'une manière absolument neuve dans le Code Civil, il est nécessaire de l'examiner avec soin.

On verra 1° quels sont les droits des enfans naturels légalement reconnus, sur les successions de leurs père et mère; 2° à qui sont déférées les successions des enfans naturels; 3° comment, et à quelles conditions, les successions irrégulières sont déférées aux enfans naturels, au conjoint survivant et au fisc.

---

(1) Art. XIII et XLVIII du liv. IIIe.

(2) Art. XLIX du liv. IIIe.

(3) Art. XLVII du liv. IIIe.

CHAPITRE PREMIER.

Quels sont les Droits des Enfans naturels sur les Successions de leurs Père et Mère ?

On distingue trois sortes d'enfans naturels :

Ceux nés de deux personnes libres qui pouvaient se marier ensemble, sont appelés par la seule dénomination d'enfans naturels : on les appelait autrefois bâtards simples.

On appelle *adultérins*, ceux qui sont nés d'une ou de deux personnes mariées, mais non l'une avec l'autre.

On appelle *incestueux*, ceux qui sont nés de deux personnes auxquelles il est prohibé par la loi de se marier ensemble, à cause du lien de parenté ou d'affinité qui les unit.

On appelait aussi bâtards incestueux, les enfans des personnes consacrées à Dieu par un vœu de chasteté.

Suivant le droit romain, les enfans nés de personnes libres succédaient à leur mère naturelle, conjointement avec les enfans légitimes qu'elle pouvait avoir par la suite. *L. hâc parte et l. modestinus, ff. undè cognati, et § fin. inst. ad orphitianum, et l. si quæ illustris, c. eod.*

A défaut d'enfans légitimes, ils succédaient seuls à leur mère, et ils avoient même sur ses biens un droit de légitime.

On distinguait cependant entre une fille publique, et une simple concubine.

Lorsque la fille était publique, le père était regardé comme incertain, et, en ce cas, si la fille était d'une *condition illustre* , ses enfans naturels ne succédaient pas avec ses enfans légitimes , suivant la loi , *si qua illustris* 5. *c. ad senatus cons. orphitianum.*

Mais le père était regardé comme certain, lorsque la fille n'était qu'une simple concubine, parce qu'on croyait trouver une affection constante dans le concubinage , qui, d'ailleurs était autorisé par les lois romaines , et, dans ce dernier cas, les enfans naturels, quoique leur mère fût d'une condition illustre, succédaient comme les enfans légitimes.

A l'égard du père , on ne considéra d'abord, dans le droit romain , que celui qui était légitime , et l'on n'admit pas les enfans naturels à lui succéder. §. *vulgò instit. de succes. cognat.*

Mais, par la novelle 118, *de triente et semisse,* au §. *consideremus autem,* la novelle 92, chap. 12, §. 4, et l'autent. *Licet c. de natur. lib .,* l'empereur Justinien donna aux enfans d'une concubine un sixième de la succession de leur père, s'il mourait sans enfans légitimes, et ce sixième devait être partagé par têtes entre leur mère et eux.

Les bâtards pouvaient aussi être institués héritiers testamentaires.

Cependant les empereurs avaient défendu au père qui aurait sa femme, ou des enfans légitimes, de donner à des bâtards, ou à leur mère, plus d'un vingt-quatrième de ses biens. l. 2. *c. de natur. lib.*

Justinien étendit cette portion disponible jusqu'à un douzième, et accorda même aux pères qui n'auraient pas d'enfans légitimes ni d'ascendans, la liberté de donner tout à leurs enfans naturels , ne réservant aux ascendans, s'il y en avait, que leur légitime. Nov. 89. c. 12.

Dans l'origine de la monarchie française, on ne mettait aucune différence entre les bâtards et les enfans légitimes : sous la première et seconde race, ils succédaient tous également à l'hérédité de leurs père et mère. L'histoire nous apprend que Hugues Capet est le premier qui ait établi en France que les bâtards *nec genus nec gentem habent.*

Mais, depuis cette époque, les bâtards furent traités avec la plus grande rigueur.

Dans plusieurs provinces du royaume, ils étaient *serfs,* et ne pouvaient se marier, sans le consentement de leurs seigneurs.

Le droit de tester leur était interdit ; cependant on leur rendit, par la suite, le droit de disposer de leurs biens, soit entre ifs, soit par testament, et d'exercer tous les actes de citoyens.

Ils étaient en outre exclus, même par le fisc, des successions de leurs pères, mères et aïeux, et ne pouvaient recevoir d'eux que des legs particuliers et modiques : quand ils n'avaient rien reçu, ils n'avaient droit qu'à de simples alimens.

Il n'y avait d'exception à cet égard que dans les coutumes de St.-Omer, d'Artois et de Valenciennes, et dans le ressort du parlement de Grenoble, où l'on admettait les bâtards à la succession de leur mère, conformément à la disposition du droit romain.

Mais, dans tous les autres pays de droit écrit et de coutumes, les enfans naturels étaient déclarés incapables de toutes successions *ab intestat,* à l'exception seulement de celles de leurs enfans légitimes.

Les lois des 4 juin 1793, et 12 brumaire an 2, placèrent les enfans naturels dans la famille légitime, et leur donnèrent tous les droits des enfans nés dans le mariage.

Ainsi, comme l'a judicieusement observé le conseiller d'état Treilhard, on ne se tint jamais dans une juste mesure à l'égard des enfans naturels.

Avant la révolution, il étaient flétris par un préjugé barbare : on les punissait de la faute de leurs pères, et quoique, dans l'ordre de la nature, ils fussent de la même condition que les enfans légitimes, puisque le même sang coulait dans leurs veines, on leur refusait cependant tous les droits de la nature et du sang, lors même qu'il n'y avait pas de parens légitimes, et on allait jusqu'à leur préférer le fisc.

Depuis la révolution, au contraire, on s'était livré à une espèce de réaction qui plaçait sur la même ligne le concubinage et le mariage, en donnant les mêmes droits et le même rang dans la famille aux enfans de la concubine et aux enfans de l'épouse légitime : c'était ébranler dans leurs fondemens ces unions si respectables, sanctionnées par toutes les lois domestiques, publiques et religieuses, qui sont le charme et le soutien de la société.

Le Code Civil s'est également éloigné des deux excès, et a pris le tempérament qui se concilie le mieux avec la justice et avec la morale publique.

D'abord, il a proscrit toutes ces recherches odieuses sur la paternité, qui troublaient si souvent les familles et faisaient retentir les tribunaux de débats si scandaleux.

Ce n'est qu'aux enfans naturels légalement reconnus qu'il accorde des droits, et, à ceux même qui sont reconnus légalement, il n'accorde ni les droits, ni les honneurs de la légitimité. (1) Il ne les place pas dans la famille. Il ne les appelle même, dans aucun cas, comme

_____

(1) Art. CCCXXXII du liv. Ier.

héritiers , (1) mais il leur garantit la dette que leurs père et mère contractèrent, en leur donnant la naissance, et qu'ils renouvelèrent en les reconnaissant, et leur assure enfin des moyens d'existence, en leur attribuant un droit sur les successions de leurs père et mère.

Ce droit est proportionné à la valeur des biens, et se trouve plus restreint , lorsqu'il y a des enfans légitimes, plus étendu, lorsqu'il n'y a que des ascendans, ou des frères ou sœurs, ou descendans de frères ou sœurs, et plus considérable encore , lorsque les parens successibles sont à des degrés plus éloignés. (2)

Dans le premier cas, le droit de l'enfant naturel légalement reconnu est d'un tiers de la portion héréditaire qu'il aurait eue, s'il avait été légitime.

Dans le second cas, le droit est de la moitié.

Dans le troisième , il est des trois quarts.

Jamais l'enfant naturel n'aura la totalité de la succession, à moins qu'il n'y ait pas de parens légitimes habiles à succéder ; mais alors il sera préféré au conjoint survivant et au fisc. C'est l'ordre de la nature.

Ses descendans légitimes jouiront des mêmes droits que lui, s'il est décédé avant ses père et mère, parce qu'ils le représentent (3)

L'enfant naturel qui n'a été reconnu que par son père ou par sa mère , n'a aucuns droits sur la succession de celui de ses père et mère qui ne l'a pas reconnu.

Suivant l'article CCCXXX du Ier livre du Code

(1) Art. XLVI du liv. IIIe.
(2) Art. XLVII du liv. IIIe.
(3) Art. XLVIII du liv. IIIe.

Civil, au titre de la paternité et de la filiation, la reconnaissance du père, sans l'indication et l'aveu de la mère, n'a d'effet qu'à l'égard du père, et, comme l'article CCCXXXIV du même livre interdit la recherche de la paternité, il en résulte aussi que la reconnaissance faite par la mère, même avec l'indication du père, ne peut produire aucun effet à l'égard du père indiqué, sans son aveu formel.

La reconnaissance faite pendant le mariage, par l'un des époux, au profit d'un enfant naturel qu'il aurait eu avant son mariage d'un autre que de son époux, ne peut nuire ni à celui-ci, ni aux enfans nés de ce mariage; néanmoins elle produit son effet après la dissolution de ce mariage, s'il n'en reste pas d'enfans.

C'est la disposition de l'art. CCCXXXI du Iᵉʳ livre du Code.

L'enfant naturel n'a donc, dans le cas prévu dans cet article, aucuns droits sur la succession de celui des époux qui l'a reconnu, si cet époux laisse des enfans légitimes issus du mariage pendant l'existence duquel il a fait la reconnaissance.

On ne peut qu'applaudir à la sagesse de cette disposition.

Dans tous les cas, c'est par un acte authentique que doit être faite la reconnaissance d'un enfant naturel, si elle ne l'a pas été dans son acte de naissance. L'article CCCXXVIII du Iᵉʳ livre du Code l'exige impérativement. Une reconnaissance faite par un testament olographe ou mystique, ou par lettre, ou par tout autre écrit privé, ne serait donc pas suffisante, et ne donnerait aucuns droits à l'enfant naturel.

Les père et mère de l'enfant naturel, même légalement reconnu, ont la faculté de le réduire à la moitié des droits qui lui sont attribués par la loi, en lui donnant cette moitié pendant leur vivant,

« Toute réclamation est interdite aux enfans naturels, dit l'art. LI du troisième livre, lorsqu'ils ont reçu, *du vivant de leur père ou de leur mère*, la moitié de ce qui leur est attribué par les articles précédens, avec déclaration expresse de la part de leur père ou mère, que leur intention est de réduire l'enfant naturel à la portion qu'ils lui ont assignée.

« Dans le cas, ajoute l'art. LI, où cette portion serait inférieure à la moitié de ce qui devrait revenir à l'enfant naturel, il ne pourra réclamer que le supplément nécessaire pour parfaire cette moitié. »

Mais en assurant aux enfans naturels des droits sur les successions de leurs père et mère, il fallait aussi prendre des précautions pour empêcher les père et mère d'excéder la portion fixée par la loi : si la nature a ses droits, la famille légitime a aussi les siens qu'il faut également respecter. Il n'y a eu que trop d'exemples de donations immenses, et même universelles, arrachées par la séduction, au préjudice des parens légitimes, et voilà pourquoi, dans la législation ancienne, les enfans naturels ne pouvaient recevoir de leurs père et mère, et même de leurs aïeux, que des legs modiques. C'est dans le même esprit que le Code Civil, au titre des donations et testamens, art. CXCVIII, dispose que les enfans naturels ne pourront, par donation entre-vifs ou par testament, rien recevoir au-delà de ce qui leur est accordé au titre des successions, et cette disposition s'applique à leurs descendans.

Ils sont donc tenus, ainsi que leurs descendans, d'imputer tout ce qu'ils ont reçu du père ou de la mère dont la succession est ouverte, et qui serait sujet au rapport, en succession ordinaire. (1)

_____

(1) Art. L du liv. III⁰.

Il faut d'ailleurs observer avec attention que les enfans naturels n'ont de droits que sur les *successions* de leurs père et mère, c'est-à-dire, sur les biens que les père et mère laissent à leur décès; (1) qu'en conséquence, si les père et mère avaient disposé valablement avant leur mort, de la totalité de leurs biens, par acte entre-vifs, comme il ne resterait plus rien dans leurs successions, les enfans naturels n'auraient aucuns droits réels à réclamer: ils ne pourraient pas obtenir la réduction des donations. La loi ne limitant la difficulté de disposer qu'en faveur des descendans et ascendans *légitimes*, il en résulte que l'existence d'enfans naturels n'empêche pas les père et mère de disposer, par actes entre-vifs, de la totalité de leurs biens, au profit même d'étrangers.

« Les enfans naturels, a dit le tribun Jaubert, dans son rapport sur le titre des donations et des testamens, ne pourraient-ils donc pas aussi réclamer la réduction des donations entre-vifs? Jamais. La loi établit la réserve pour les enfans légitimes; *qui de uno dicit, de altero negat.*

A la vérité, ajoute le tribun Jaubert, le titre des successions veut que le droit de l'enfant naturel sur les biens de ses père et mère *décédés*, soit d'une quote qui varie suivant la qualité des héritiers présomptifs; mais ce droit ne se rapporte qu'à la succession; les enfans naturels ne peuvent donc l'exercer que sur la succession *telle-qu'elle est*. Or, les biens donnés ne sont pas dans la succestion. »

Il en serait autrement, si les biens n'avaient été donnés que par testament: ils se trouveraient dans la succession; toute donation, à cause de mort, n'ayant d'effet qu'après le décès du donateur.

Ce qu'il faut bien observer encore, c'est que, dans

(1) Art. XLVI du liv. III.

aucun cas, le Code Civil n'accorde aux enfans naturels, même légalement reconnus, aucune espèce de droits sur les biens des parens de leurs père et mère; (1) ils ne peuvent donc ni succéder aux ascendans et collatéraux de leurs père et mère, ni rien réclamer sur leurs biens, parce qu'en effet ils ne sont pas de la même famille.

Cependant, lorsque les enfans naturels sont légitimés par le mariage subséquent de leurs père et mère, et dans les formes voulues par la loi, ils ont tous les mêmes droits que s'ils étaient nés dans le mariage : ils sont réputés légitimes et traités comme tels; et, comme ils sont membres de la famille, ils succèdent aux parens, et les parens leur succèdent, suivant l'ordre établi, comme s'ils étaient nés après le mariage.

C'était la règle du droit écrit, qui se trouve consacrée par l'art. CCCXXVII du Ier livre du Code Civil.

La légitimation peut même avoir lieu, suivant l'article CCCXXVI, en faveur des enfans décédés qui ont laissé des descendans, et elle profite à ces descendans qu'elle fait entrer dans la famille légitime.

On avait agité la question de savoir si les enfans naturels reconnus, mais non légitimés, dont les pères et mères étoient décédés depuis la publication de la loi du 12 brumaire an 2 jusqu'à la promulgation des titres du Code Civil sur la paternité et la filiation, et sur les successions, devaient succéder conformément aux dispositions de la loi du 12 brumaire qui les traitait comme les enfans légitimes, ou si leurs droits devaient être réglés par les dispositions du Code Civil.

Cette question, qui avait été très-controversée parmi les jurisconsultes et diversement jugée par les tribunaux, est résolue par l'art. Ier de la loi transitoire du 14 floréal an 11.

____

(1) Art. XLVI du liv. IIIe.

Cet article porte que les droits des enfans dont il s'agit seront réglés de la manière prescrite par les titres du Code Civil sur la paternité et la filiation et sur les successions.

Néanmoins l'article II ordonne l'exécution des dispositions entre-vifs ou testamentaires antérieures à la publication des titres précités du Code Civil, par lesquelles on aurait fixé les droits des enfans naturels, sauf néanmoins la réduction à la quotité disponible aux termes du Code Civil, et sauf aussi un supplément, conformément à l'art. LI de la loi sur les successions, dans le cas où la portion donnée ou léguée serait inférieure à la moitié de ce qui devrait revenir à l'enfant naturel, suivant la même loi.

L'article III ordonne même l'exécution pure et simple des conventions et jugemens passés en force de chose jugée, par lesquels l'état et les droits desdits enfans naturels auraient été réglés.

On n'a parlé jusqu'à présent que des enfans naturels simples, c'est-à-dire, de ceux qui sont issus de deux personnes libres qui pouvaient se marier ensemble.

Mais il y a des règles bien différentes à l'égard des enfans adultérins ou incestueux.

Les enfans adultérins ou incestueux ne succèdent, en aucun cas, ni à leur père, ni à leur mère, et n'ont aucun droit sur leurs successions : (1) ils ne peuvent pas être légitimés par le mariage subséquent. (2)

Telle était aussi la disposition du droit écrit et de quelques coutumes : elle était de droit commun dans toute la France avant la loi du 12 brumaire an 2, qui accorda aux enfans adultérins le tiers en propriété de la

_____

(1) Art. LII du liv. IIIe.
(2) Art. CCCXXV du liv. Ier.

portion à laquelle ils auraient eu droit, s'ils étaient nés dans le mariage.

Le droit romain allait jusqu'à refuser aux enfans adultérins et incestueux la qualité d'enfans naturels, comme si la nature les eût désavoués.

Justinien avait même réglé que ces enfans ne pourraient demander aucuns alimens ni à leur père, ni à leur mère.

Mais cette loi, injuste et barbare, n'était pas suivie en France : on accordait, dans les pays de droit écrit, comme dans les coutumes, des alimens aux enfans adultérins et incestueux ; et le Code Civil leur en assure également. (1)

Ces enfans ont au moins des droits à la pitié : et comment le crime des père et mère pourrait-il les dispenser de fournir, au moins, des alimens aux êtres malheureux auxquels ils ont donné la vie ?

Ces alimens seront reglés eu égard aux facultés du père ou de la mère, et au nombre et à la qualité des héritiers légitimes. (2)

Lorsque le père ou la mère de l'enfant adultérin ou incestueux lui aura fait apprendre un art mécanique, ou que l'un d'eux lui aura assuré des alimens de son vivant, l'enfant ne pourra élever aucune réclamation contre leurs successions. (3)

Ces mesures concilient, autant que possible, la justice et l'humanité, avec le repos et la tranquillité des familles.

_____

(1) Art. LII du liv. IIIe.

(2) Art. LIII du liv. IIIe.

(3) Art. LIV du liv. IIIe.

Ce n'est que dans des cas infiniment rares que les enfans adultérins ou incestueux peuvent être admis à réclamer des alimens, la recherche de la paternité, et même de la maternité, leur étant interdite par l'art. CCCXXXVI du 1er livre du Code, et l'art. CCCXXIX défendant expressément de les reconnaître.

Mais l'existence de ces enfans est un fait qui peut être quelquefois constaté d'une autre manière que par la reconnaissance des père et mère, et que par la recherche de la paternité et de la maternité.

Ainsi, lorsqu'un enfant aura été valablement désavoué par un mari, et qu'il aura été jugé le fruit de l'adultère, dans les cas prévus dans le chapitre 1er de la loi sur la paternité et la filiation, lorsqu'un homme aura signé, comme père, un acte de naissance, sans faire connaître qu'il est marié à une autre femme que la mère du nouveau né, ou que la mère est sa parente, ou alliée, aux degrés prohibés pour le mariage ; dans tous les cas enfin où, indépendamment de la reconnaissance et de la recherche de la paternité ou de la maternité, il y aura preuve qu'il existe un enfant adultérin ou incestueux, cet enfant aura droit à des alimens contre ceux qui seront connus pour ses père et mère.

Mais, pour obtenir des alimens, il ne suffirait pas qu'un enfant qui se dirait adultérin ou incestueux, demandât à faire preuve que ceux contre lesquels il réclame des alimens sont réellement ses père et mère : il ne suffirait même pas qu'il eût été expressément reconnu.

Au premier cas, la preuve ne pourrait être admise, puisqu'elle tendrait à la recherche de la paternité ou de la maternité, qui est expressément interdite aux enfans adultérins et incestueux.

Au second cas, la reconnaissance étant nulle, puisqu'elle est prohibée par la loi, ne pourrait produire aucun effet.

CHAPITRE II.

A qui sont déférées les Successions des Enfans naturels ?

Dans tous les temps, les descendans légitimes des enfans naturels leur ont succédé, non seulement, dit Bourjon, parce que la nature parle hautement en leur faveur, mais encore parce que leur naissance forme a première racine d'une famille légitime.

Cette disposition est maintenue dans le Code Civil.

Lorsque l'enfant naturel décédait sans enfans nés d'un légitime mariage, ou descendans d'eux, ses biens étaient regardés comme des épaves, comme des biens vacans : ils appartenaient, suivant l'ancien droit, au fisc. L. 4, cod. *d. Bon. vacant. et de inc.*; et, dans nos coutumes, aux seigneurs, par droit de main-morte, ou au roi, par droit de souveraineté.

Cependant, si l'enfant naturel avait été marié, son conjoint survivant excluait le fisc, en vertu du titre *Undè vir et uxor.*

Le père et la mère n'avaient pas même le droit de réversion des choses qu'ils avaient données à leur enfant naturel, parce que la réversion participe du droit de succéder.

Lebrun cite plusieurs arrêts qui l'ont ainsi jugé.

Les dispositions du Code Civil à cet égard sont bien plus conformes aux droits de la nature et du sang.

Il défère la succession de l'enfant naturel décédé sans postérité, au père ou à la mère qui l'a reconnu, ou, par moitié, à tous les deux, s'il a été reconnu par l'un et par l'autre. (1)

Et comme il n'excepte pas le père et la mère qui seraient eux-mêmes nés hors mariage, ils se trouvent compris dans la dénomination générale qu'emploie l'article LV.

Cette succession, déférée aux père et mère de l'enfant naturel, sortant des règles ordinaires,, et la disposition qui l'établit ne pouvant avoir d'autre motif que d'accorder une récompense à ceux qui, ayant rempli les devoirs de la nature, méritent de jouir des droits de la paternité, il est évident que ce motif s'applique à tous les pères et mères, quand ils seraient eux-mêmes nés hors mariage.

D'ailleurs, la reconnaissance faite par le père, qu'il soit lui-même enfant légitime ou illégitime, donne des droits sur sa succession à son enfant naturel : le Code Civil ne fait encore à cet égard aucune distinction. Il est donc juste que, par réciprocité, le père ou la mère qui a reconnu, soit aussi, quelle qu'ait été son origine, appelé à la succession de son enfant décédé sans postérité. Il ne pourrait se trouver en concurrence qu'avec le fisc ; et les droits du sang, qui parlent en sa faveur, et le nouveau lien qu'il a établi par la reconnaissance qu'il a faite de son enfant, le rendent, sans doute, bien préférable au fisc.

Cependant, malgré cette reconnaissance, le père et la mère de l'enfant naturel seraient exclus par ses propres enfans, fussent-ils eux-mêmes nés hors mariage.

L'article LV, en effet, n'accorde la succession de l'enfant naturel à ses père et mère, qui l'ont reconnu, que lorsqu'il est décédé sans postérité ; et cette dernière

(1) Art. LV du liv. III.

expression étant générale, comprend les enfans nés hors mariage, comme ceux qui sont légitimes.

Au titre des successions régulières, lorsqu'il n'est question que des parens légitimes, ces mots, *décédé sans postérité*, ne doivent s'appliquer sans doute qu'aux enfans et descendans légitimes; mais, lorsqu'au titre des successions irrégulières, on s'occupe du sort des enfans naturels et de leur postérité, cette dernière expression, employée sans restriction, doit s'appliquer aux enfans naturels, comme aux enfans légitimes.

D'ailleurs, il est consacré en principe, par l'article XLVIII, que les enfans naturels succèdent à leurs père et mère qui n'ont pas de parens légitimes. Or les père et mère qui ont reconnu, ne deviennent pas parens légitimes: ils demeurent toujours étrangers à leurs enfans naturels, sous le rapport de *famille*, puisque la seule reconnaissance ne fait pas entrer les enfans naturels dans la famille légitime de leurs père et mère; L'enfant naturel qui décède sans enfans ou descendans nés dans le mariage, meurt donc sans parens légitimes, quoiqu'il ait été légalement reconnu par ses père et mère; sa succession doit donc appartenir à ses enfans naturels, à l'exclusion de ses père et mère, avec lesquels il ne se trouve uni que par la nature, mais non par la parenté, qui ne peut exister qu'entre les membres de la même famille.

Lorsque les père et mère de l'enfant naturel sont décédés avant lui, et qu'il décède ensuite sans postérité, la réversion de ce qu'ils lui avaient donné, et qui se retrouve en nature dans la succession, est accordée à leurs enfans légitimes; et ces enfans ont même les actions en reprise, s'il en existe, ainsi que le prix des biens aliénés qui peut rester dû. (1)

_____

(1) Art. LV du liv. IIIe.

Il est bien juste, en effet, que le bien retourne à la famille dont il était sorti, lorsque, par le décès du donataire sans postérité, le motif de la donation ne subsiste plus.

Mais tous les autres biens des enfans naturels qu décèdent sans postérité, et sans laisser ni père ni mère qui les aient reconnus, appartiennent à leurs frères et sœurs naturels et à leurs descendans. (1) Et comme le Code Civil ne dénomme pas d'autres parens, il faut en conclure qu'à défaut de frères et sœurs naturels, ou descendans d'eux, la succession est dévolue au conjoint survivant non divorcé, et, à défaut de conjoint survivant, au fisc.

Dans aucun cas, les parens légitimes des père et mère de l'enfant naturel ne peuvent lui succéder, parce qu'il n'existe pas entre eux de parenté, et que la parenté seule peut établir la successibilité.

Ainsi, les héritiers des enfans naturels, non légitimés, doivent être rangés dans l'ordre qui suit :

1° Leurs enfans et descendans légitimes, sauf les droits des autres enfans naturels ;

2° Leurs enfans naturels légalement reconnus ;

3° Leurs père et mère qui les ont reconnus ;

4° Leurs frères et sœurs naturels, et descendans d'eux ;

5° Le conjoint survivant, non divorcé ;

6° Le fisc.

_____

(1) Art. LVI du liv. IIIe.

CHAPITRE III.

Comment, et à quelles conditions, les Successions irrégulières sont déférées aux Enfans naturels, au conjoint survivant et au fisc.

Il est d'abord sans difficulté que ni les enfans naturels légalement reconnus, ni le conjoint survivant, ni le fisc, ne peuvent recueillir les biens d'une succession dans laquelle il ne se trouve pas d'héritiers légitimes ou institués, que sous l'obligation d'acquitter toutes les charges de cette succession. (1)

Celui qui prend une hérédité se met à la place du défunt ; il doit donc supporter toutes les charges dont le défunt était tenu, comme il en acquiert tous les droits. *Hœreditas juris nomen est quod et accessionem et decessionem in se recepit.* Liv. 178, §. 1, ff. de verb. signif.

Mais, ni les enfans naturels, ni le conjoint survivant, ni le fisc, ne sont *saisis* des biens du défunt : il doivent se faire envoyer en possession par justice. (2)

Quelques coutumes, et notamment celles de Poitou et de Berry, accordaient la saisine au conjoint survivant non divorcé.

D'autres, et notamment celles de Troyes, de Clermont et de Bordeaux, accordaient même la saisine au seigneur haut-justicier.

Mais le plus grand nombre ne l'accordaient qu'aux héritiers, suivant cette règle, presque généralement admise en pays coutumier, et même en pays de droit écrit : *le mort saisit le vif*, SON HOIR PLUS PROCHE

---

(1) Art. XIV du liv. IIIᵉ.
(2) Art. XIV du liv. IIIᵉ.

et *habile à lui succéder ;* et l'on ne regardait pas les enfans naturels, le conjoint survivant et le fisc comme de véritables héritiers : ce n'était, au contraire, qu'à défaut d'héritiers qu'ils étaient appelés à recueillir les biens des défunts.

Le Code Civil ne les considère pas non plus comme héritiers : il leur en refuse expressément les droits et la qualité, même aux enfans naturels *légalement reconnus,* et il appelle successions *irrégulières,* celles qu'il abandonne aux uns, comme aux autres, lorsqu'il n'y a pas de successibles.

Les uns et les autres doivent donc se faire envoyer par justice en possession des biens, puisqu'ils n'en sont pas saisis par la loi ; et, comme il peut se présenter par la suite des héritiers légitimes, le Code Civil a pris de sages précautions pour la conservation de leurs droits.

Les enfans naturels, le conjoint survivant et le fisc, sont tenus, 1° de faire apposer les scellés sur les successions qu'ils réclament ; 2° de faire procéder à un inventaire, comme des héritiers bénéficiaires; (1) et ce n'est qu'après trois publications et affiches qu'ils peuvent être envoyés en possession, le tout à peine de dommages et intérêts. (2)

Les enfans naturels, ainsi que le conjoint survivant, sont, en outre, assujettis à faire emploi du mobilier, ou à donner caution suffisante, pour en assurer la restitution, au cas où il se présenterait des héritiers du défunt dans l'intervalle de trois ans, après lequel délai la caution est déchargée; (3) et il faut en conclure que,

---

(1) Art. LIX et LXIII du liv. IIIe.
(2) Art. LX, LXII et LXIII.
(3) Art. LXI et LXIII du liv. IIIe.

pendant les trois années, ils n'ont qu'une possession provisoire, et conséquemment qu'ils ne peuvent aliéner les immeubles, mais que seulement, en cas de nécessité bien constatée, ils peuvent se faire autoriser par justice à les vendre, dans les formes, et aux conditions qui sont prescrites aux héritiers bénéficiaires.

FIN.

TABLE
DES MATIÈRES.

TITRE IV.

Des diverses manières de succéder. 52

CHAPITRE PREMIER.

SECTION III.

TITRE SIXIÈME.

CHAPITRE PREMIER.

CHAPITRE II.

FIN DE LA TABLE.

NOTE DE L'ÉDITEUR.

Les deux titres des Successions et des Donations et Testamens ont été décrétés et promulgués en l'an XI, comme devant former les premiers titres du troisième livre du Code

Civil, et les articles ont formé une série continue de numérotage ; de sorte que le titre des Successions, formant 182 articles, celui des Donations et Testamens commence par l'article 183.

C'est en conformité de cet ordre, qu'on a marqué, dans l'ouvrage ci-dessus, les renvois qui ont été faits à divers articles du troisième livre du Code Civil.

On a dû faire cette observation, parce qu'il est vraisemblable qu'il y aura des changemens à l'ordre des titres, et un numérotage des articles de la partie du Code Civil décrétée en l'an XI.

L'ouvrage ci-dessus n'est que l'introduction au commentaire du titre des Successions.

Ce commentaire est fort avancé ; il paraîtrait même dès à présent, si les travaux multipliés de la session actuelle n'eussent absorbé tous les instans de l'auteur, et altéré sa santé.

On ne négligera rien pour que ce retard soit le moins long possible.

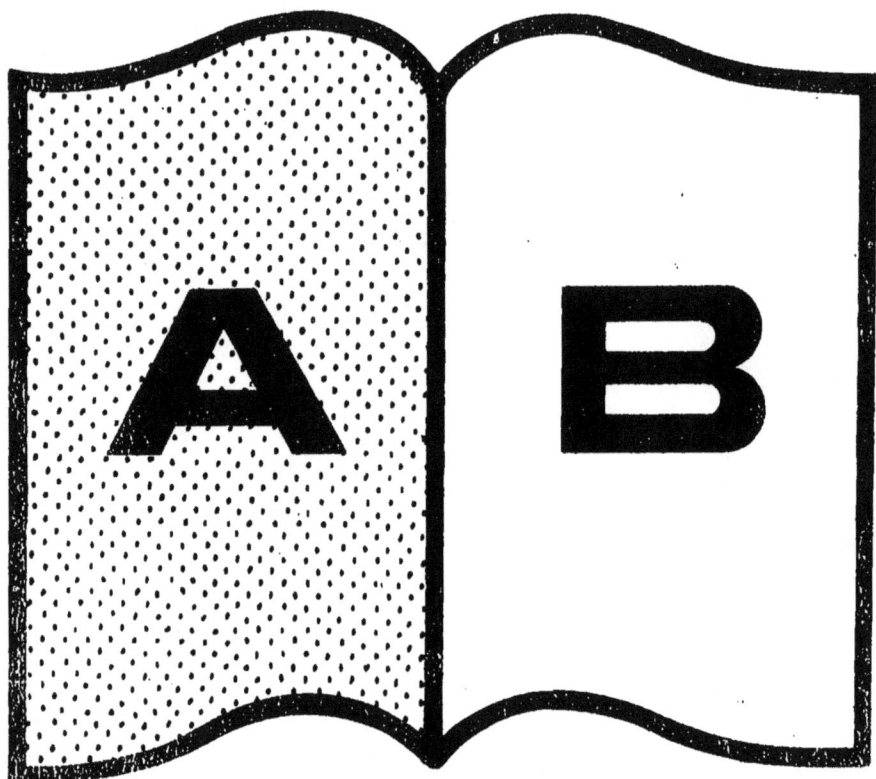

Contraste insuffisant

NF Z 43-120-14

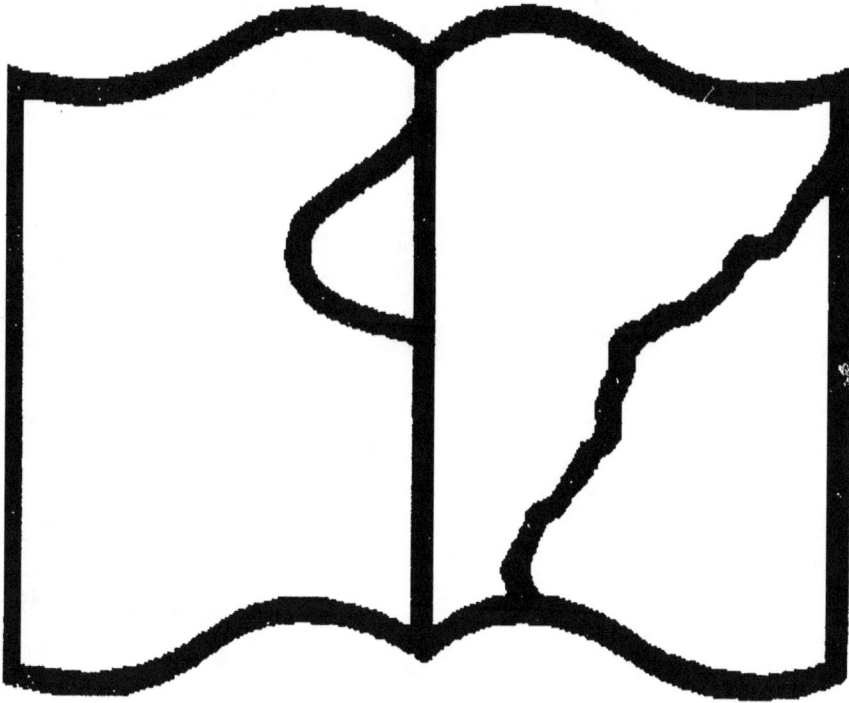

Texte détérioré - reliure défectueuse

NF Z 43-120-11

www.ingramcontent.com/pod-product-compliance
Lightning Source LLC
Chambersburg PA
CBHW050101210326
41519CB00015BA/3786